Florian Kolfhaus
Ganz Dein, Maria

Florian Kolfhaus

GANZ DEIN, MARIA

Zwölf Tage zur Vorbereitung auf die
Weihe an die Mutter Gottes
und zur Vertiefung des geistlichen Lebens
nach den Schriften des
heiligen Ludwig Maria Grignion von Montfort

Dominus-Verlag
Augsburg 3. Aufl. 2016

Dritte Auflage. 2016

Bibliographische Information der Deutschen Bibliothek:
Die Deutsche Nationalbibliothek verzeichnet diese Publikation in der Deutschen Nationalbibliografie; detaillierte bibliografische Daten sind im Internet über http://dnb.dnb.de abrufbar.

Autor:
Msgr. Dr. Florian Kolfhaus, Priester des Bistums Regensburg, Mitarbeiter im Päpstlichen Staatssekretariat.

Mit Imprimatur des
Bischöflichen Ordinariates Regensburg
vom 23.10.2013
Prälat Michael Fuchs, Generalvikar

Die 1. Auflage wurde im Jahr 2002 i.A. des Institutum Marianum Regensburg herausgegeben und erschien in dessen Eigenverlag; die 2. Auflage 2014 und die 3. Auflage 2016 im Dominus-Verlag Augsburg.

Titelfoto: Gnadenbild (Ausschnitt) der „Consolatrix afflictorum" (Trösterin der Betrübten) im Muttergotteshäuschen (Mai-Okt.) bzw. in der Kirche St. Josef (Nov.-April), Düren (Bistum Aachen). Der Künstler Joh. Adam Siepen (1851-1904) hatte von Geburt an keine Arme und keinen rechten Oberschenkel; er malte das Bild um das Jahr 1880 mit dem linken Fuß (Foto: Peter C. Düren, bearb.: Andreas Düren).

Dr. Peter C. Düren • Mittleres Pfaffengäßchen 11
86152 Augsburg • Deutschland
Tel.: 0-(049) 821 – 56 65 65 8
Fax: 0-(049) 821 – 50 81 41 9
eMail: bestellung@dominus-verlag.de
www.dominus-verlag.de

ISBN 978-3-940879-30-1

Dem Unbefleckten Herzen Mariens,
das niemals aufgehört hat,
aus Liebe zu Gott und für uns Menschen zu schlagen!

STAATSSEKRETARIAT

ERSTE SEKTION
ALLGEMEINE ANGELEGENHEITEN

Aus dem Vatikan, am 22. Oktober 2013

Sehr geehrter Monsignore Dr. Kolfhaus,

im Namen des Heiligen Vaters Papst Franziskus danke ich Ihnen für die freundliche Zusendung Ihres Buches *„Totus Tuus, Maria"*.

Der Titel Ihrer Schrift knüpft an den Wahlspruch des seligen Johannes Paul II. an, dem die Werke und die marianische Spiritualität des heiligen Ludwig Maria zugrunde liegen. So wird dem Leser bewusst, dass die Weihe und Hingabe an Maria tief im Leben und Lehramt der Kirche verankert ist. Das berühmte Wort des Heiligen „Gott sammelte alle Wasser und nannte sie Meer. Gott sammelte alle Gnaden und nannte sie Maria" findet seinen Widerhall im achten Kapitel der dogmatischen Konstitution *Lumen Gentium* des Zweiten Vatikanischen Konzils, das innerhalb seiner Lehre über die Kirche das strahlende Bild der seligen Jungfrau zeichnet.

Die Bemühungen um die Verbreitung der Marienweihe und vollkommenen Hingabe an Jesus durch Maria nach dem heiligen Ludwig Maria Grignion von Montfort mögen ein fruchtbarer Beitrag zur Neuevangelisierung sein. Mit diesem Gebetswunsch erteilt Papst Franziskus, der sein Pontifikat Unserer Lieben Frau von Fatima anvertraut hat, Ihnen und Ihrer Familie von Herzen den erbetenen Apostolischen Segen.

Peter B. Wells

Prälat Peter B. WELLS
Assessor

Hochw. Herrn
Msgr. Dr. Florian Kolfhaus
Pontificio Istituto Teutonico
di Santa Maria dell'Anima
Via della Pace, 20
00186 ROMA

Inhaltsverzeichnis

Vorwort

Der große französische Marienverehrer und Heilige, Ludwig Maria Grignion von Montfort (1673-1716), schreibt in seinem Werk „Die vollkommene Hingabe an Jesus durch Maria“ folgende bis heute gültige Erklärung: „Die Ganzhingabe [sc. an Maria] ist ein sicherer Weg, um zu Jesus Christus zu gehen und durch die Vereinigung mit ihm die Vollkommenheit zu erwerben“ [1]. Unzählige haben nach der Anleitung des Heiligen die Ganzhingabe geübt, ihre Taufversprechen erneuert und vertieft und so in Vereinigung mit Christus unter dem Schutz der Gottesmutter Maria die Vollkommenheit erlangt.
Monsignore Dr. theol. Lic. iur. can. Florian Kolfhaus, Priester der Diözese Regensburg, Mitarbeiter im Päpstlichen Staatssekretariat und assoziiertes Mitglied der Päpstlichen Internationalen Marianischen Akademie (Pontificia Academia Mariana Internationalis, PAMI), hat in seinem Buch „Ganz Dein, Maria“, das bereits im Jahr 2002 im Auftrag des Institutum Marianum Regensburg e.V. (IMR) herausgegeben wurde, das Anliegen des hl. Ludwig Maria aufgegriffen und es für die Menschen unserer Tage in zeitgemäßer Form dargestellt. Es freut mich, dass das Buch nun in zweiter Auflage präsentiert werden kann. Der Autor liefert einen wichtigen Beitrag zur geistlichen Erneuerung der Kirche und ein hilfreiches Instrument der Verinnerlichung unserer Christusbeziehung. Wer sich durch die Marienweihe den Händen der Gottesmutter anvertraut, birgt sich wie Jesus Christus unter den

1 Das Goldene Buch der vollkommenen Hingabe an Jesus durch Maria vom heiligen Ludwig Maria Grignion von Montfort, Freiburg/Schweiz, 21. Aufl. 1975, S. 163.

Schutzmantel seiner heiligsten Mutter und versucht, sein Leben ihrem Vorbild wahrer Gottes- und Nächstenliebe anzugleichen. Können wir Besseres tun für unser zeitliches Leben und unser ewiges Heil?
Die katholische Frömmigkeit preist Maria seit Jahrhunderten in der Lauretanischen Litanei als „Thron der Weisheit". „Solche Darstellung, die Maria nicht nur thronend, sondern selbst als den Thron des WORTES zeigt, kommt aus dem Wissen heraus, dass Gott in dieser Welt keine materiellen Throne braucht. [...] Der wahre Thron, den Gott sucht und braucht, um in dieser Welt seine Herrschaft, die Herrschaft der Freiheit und Liebe aufrichten zu können, der wirkliche, der einzige Thron, der Gott fassen kann und dessen er bedarf, ist der Mensch, der sich Gott zur Verfügung stellt. Und so ist Maria in der Einfachheit ihres Herzens, durch ihr Ja zum Thron Gottes, zu seiner Eingangstüre in die Welt geworden"[2].
Diesen Worten des emeritierten Papstes Benedikt XVI. können wir uns nur dankbar anschließen. Schenken wir Gott wie Maria unser Herz, damit er darin seinen Thron errichte!
Das Ziel der Tauferneuerung, der Hingabe und Weihe an Maria ist es, sich Gott zur Verfügung zu stellen. Es ist mit anderen Worten die Heiligung und Heiligkeit des Lebens. Die allerseligste Jungfrau und Gottesmutter Maria, der wir uns persönlich anvertrauen – „Ganz Dein, Maria!" – ist und bleibt für jeden Christen der vollkommenste Weg

2 Maria – „Thron der Weisheit", in: Arbeitshilfen Nr. 248. Der Glaube der Kirche. Ein theologisches Lesebuch aus Texten Joseph Ratzingers. 1. September 2011, erstellt durch das Institut Papst Benedikt XVI., herausgegeben vom Sekretariat der Deutschen Bischofskonferenz, Bonn 2011, S. 96.

zur Heiligkeit. Sie sei uns alle Tage Fürsprecherin, Helferin und Mutter.

Regensburg, am 8. März 2013,
dem 180. Todestag des im Ruf der Heiligkeit verstorbenen, großen Regensburger Bischofs Georg Michael Wittmann

Msgr. Georg Schwager
Domvikar
Leiter der Abteilung für Selig- und Heiligsprechungsprozesse beim Bischöflichen Konsistorium Regensburg

„Ich werde zu Maria fliehen, die mich niemals verlassen hat."
(Bischof Georg Michael Wittmann)

Zum Geleit

Wenn wir jemanden nach dem schnellsten und leichtesten Weg fragen würden, der uns mit großer Sicherheit zu Jesus führt, zu einer innigen Freundschaft mit ihm, so bekämen wir wohl von vielen unserer Zeitgenossen zur Antwort, dass der Pfad zu Christus nur ein Weg für die Heiligen sei, zu steil, zu schmal und zu beschwerlich für den „normalen" Christen; ein mühevoller und schweißtreibender Marsch, der nicht für jedermann gangbar sei. Ganz anders aber antwortet uns der heilige Ludwig Maria Grignion von Montfort, einer der großen Volksmissionare der Neuzeit; er sagt: „Es gibt einen Weg, der schnell, sicher und leicht zu Jesus Christus führt, einen Weg, den jedermann beschreiten kann, der Gottes Freund werden will, und dieser Weg ist Maria."

Das Buch „Ganz dein, Maria" will dazu einladen, diesen Weg zu entdecken und zu gehen. Die Texte und Gebete, die auf zwölf Tage angeordnet sind, können dem Leser helfen, an der Hand Mariens zu Jesus Christus zu finden. Sie wollen dazu dienen, das eigene Leben so zu ordnen, dass es zu der Fülle gelangt, die es nach dem Plane Gottes erreichen soll, und diese Fülle finden wir in Jesus Christus (vgl. Joh 10,10), dem Sohn Mariens.

Das vorliegende Buch ist daher kein „Lesebuch", das man zur Hand nehmen und wieder weglegen kann. Es will nicht gelesen, sondern gebetet, meditiert und geübt werden. Richtig verstanden bietet es Exerzitien im Alltag, die mit der Weihe an die Gottesmutter enden. Mit dieser Hingabe an Maria beginnt zugleich ein Leben unter ihrer

Führung: „Die ihr angehören, kann sie selbst nach ihrem Bild formen“ (Hl. Teresia Benedicta a Cruce – Edith Stein).

Jeder, der sich auf diese geistlichen Übungen einlässt und mit Vertrauen den Weg zu gehen sucht, den ihm der heilige Ludwig Maria Grignion in seiner Lehre weisen will, wird Maria als Mutter und Gefährtin kennenlernen, die sicher und leicht zu ihrem Sohn führt.

Dann wird sich der Leser unter jene Menschen einreihen können, die das Buch in neun Kurzbiographien vorstellt: Heilige, deren Leben durch die Weihe an Maria seine Erfüllung in Jesus Christus gefunden hat.

Es ist die Erfahrung von zwei Jahrtausenden Christentum, dass in der Nachfolge Christi das Beispiel jene starke Kraft besitzt, die andere zieht und begeistert. Die Heiligen, die das Buch beschreibt, gehören zu jenen Gestalten, die durch Maria geformt wurden. Sie, die wie ein lebendiger Tabernakel ihren göttlichen Sohn zu Elisabeth getragen hat, bringt ihn auch zu uns, wenn wir ihn nur so leidenschaftlich suchen, wie es die Heiligen getan haben.

Einleitung

„Es gibt nur eine einzige Traurigkeit", so der französische Dichter Léon Bloy, „nämlich die, kein Heiliger zu sein". Heilige zu werden ist in der Tat das Ziel unseres Lebens. Dafür sind wir geschaffen worden. Gott hat das Universum ins Dasein gerufen, damit es den Menschen gäbe. Er hat Adam und Eva seinen Atem eingehaucht, damit sie zu Stammeltern seiner Familie würden. Er hat – um seinen großen Plan zu verwirklichen – seinen Sohn gesandt, geboren aus einer Frau (vgl. Gal 4,4), der gekreuzigt worden ist, damit wir von unseren Sünden befreit werden, und der von den Toten auferstanden ist, damit auch wir leben. Ja, der Vater hat uns seinen Sohn gesandt, der durch die Zeiten in der Kirche fortlebt, um ihm Brüder und Schwestern zu geben. Alles, was ist – der gesamte Kosmos – und alles, was Gott getan hat und immer noch tut, ist dafür da, dass es Heilige gibt. Ja, nur in ihnen – den Kindern des himmlischen Vaters – findet das Universum den Sinn seiner Existenz, wie der hl. Paulus schreibt: „Denn die ganze Schöpfung wartet sehnsüchtig auf das Offenbarwerden der Söhne Gottes" (Röm 8,19). Die Welt braucht Heilige – ohne sie, ohne jene Männer und Frauen, um derentwillen sie erschaffen wurde – verliert sie ihren tiefsten Sinn. Heiligkeit – d.h. das Leben der Kinder Gottes in Gemeinschaft mit ihm – ist das Ziel unseres Daseins, das Ziel des gesamten Kosmos. Es gibt daher in der Tat keine größere Tragik, als kein Heiliger zu werden. Die Erfolge aller Nobelpreisträger und Politiker, der Glanz der Hollywoodstars und Olympiasieger verblasst vor dem Licht eines einzigen Heiligen, mag er noch so unbekannt und verborgen sein. Deshalb braucht unsere Welt vor allem eins: heilige Männer, Frauen und Kinder, die Gott an die erste Stelle ihres Lebens setzen und damit nicht nur ihrer Existenz, sondern der der gesamten Schöpfung ihre wahre Ordnung geben.

Es ist die Tragik unserer Zeit, dass der Heilige nicht selten als bigott und frömmlerisch karikiert worden ist, als einer, der nicht nur das Leben nicht kennt, sondern sich seiner auch nicht freuen kann. Der Heilige erscheint als moralisierender Asket, weltfremder Sonderling oder naiver Träumer. Wie falsch ist diese Sicht der Dinge! So schreibt schon die heilige Teresia Benedicta a Cruce (Edith Stein) an ihre Schwester: „Übrigens glaube ich, dass es auch für einen Heiligen nicht erforderlich ist, allen Wünschen und Hoffnungen und allen Freuden der Welt zu entsagen. Im Gegenteil: man ist auf der Welt, um zu leben, und soll das Schöne, was es gibt, dankbar hinnehmen“. Wenn Heiligkeit das Ziel unseres Daseins ist, so sind es gerade die Heiligen, die diese Welt kennen und sich an ihr freuen, die den Sinn ihres Lebens gefunden haben und ihn verwirklichen. Sie sind es, die wahrhaft glücklich sind – in dieser Welt und in der anderen. Der lateinische Ausdruck „beatus“ – selig, heilig – deutet es bereits an: Heiligkeit ist ein Synonym des wahren und bleibenden Glücks, für das uns Gott geschaffen hat. Um dieses Ziel nicht aus den Augen zu verlieren, braucht die Welt Heilige – Männer und Frauen, die mit beiden Beinen auf dem Boden dieser Wirklichkeit stehen, aber doch den Himmel im Blick haben.

Im Grunde sehnt sich jeder Mensch nach dieser Heiligkeit – nach der Gemeinschaft mit Gott –, für die er erschaffen worden ist. In uns allen brennt die Sehnsucht, den Grund unseres Daseins zu erkennen und, wenn uns die Gnade dazu bewegt, dem zu begegnen, der die Liebe ist. Lieben und geliebt werden – und zwar mit jener Hingabe, die nur Gott und in Ihm möglich ist – das ist das tiefste menschliche Verlangen, das ist die Erfüllung dessen, was wir als Glück und Seligkeit erhoffen. Das menschliche Herz ist zu groß, um mit weniger als Gott erfüllt werden zu können.

Was aber ist ein Heiliger? Auch hier gibt es verhängnisvolle Irrtümer, die das wahre Bild der Heiligkeit entstellen. Es geht nicht um moralische Höchstleistungen und schon gar nicht um spießbürgerliches Gutmenschentum. Heilig zu sein, ist – noch ehe unser Werk beginnt – Geschenk Gottes. „In der Taufe entzündet der Herr gleichsam ein Licht in unserem Leben, das der Katechismus die heiligmachende Gnade nennt. Wer dieses Licht bewahrt, wer in der Gnade lebt, der ist heilig" (Papst Benedikt XVI., 24. September 2011). Die Aufgabe unseres Lebens besteht nun darin, diese Gnade zu bewahren und zu vermehren. Ja, die Taufe macht uns zu Christen und fordert daher von uns, wie Christus zu leben – also Heilige zu sein.

Der heilige Ludwig Maria Grignion von Montfort hat diese Wahrheit erkannt und alles daran gesetzt, an diese große und großartige Berufung zur Heiligkeit zu erinnern. Sein „Traktat über die wahre Hingabe an Jesus durch Maria", das schon bald das „Goldene Buch" genannt wurde, ist nichts anderes als ein Handbuch, um heilig zu werden. In seiner Marienenzyklika „Redemptoris Mater" (Nr. 48) hebt der heilige Papst Johannes Paul II. diesen Heiligen und die von ihm empfohlene Marienweihe hervor: „In diesem Zusammenhang erinnere ich unter den vielen Zeugen und Meistern einer solchen Spiritualität

gern an die Gestalt des hl. Ludwig Maria Grignion de Montfort, der den Christen die Weihe an Christus durch die Hände Marias als wirksames Mittel empfahl, um die Taufverpflichtungen treu zu leben. Mit Freuden stelle ich fest, dass es auch in unseren Tagen neue Zeichen dieser Spiritualität und Frömmigkeit gibt." Ludwig Maria Grignion ist überzeugt, dass Heiligsein bedeutet, in der Taufgnade zu leben, um als Christ Christus nachzufolgen. Wer aber könnte besser dazu anleiten als Maria, die als gute Mutter weiß, wie sie ihren Kindern hilft, als Söhne und Töchter Gottes zu leben, und Tag für Tag ihrem einen und einzigen Sohn immer ähnlicher zu werden.
In diesem Sinne schreibt der heilige Ludwig Maria Grignion von Montfort, dass die Heiligen in Maria geformt werden. In ihr hat sich das größte aller Wunder ereignet: Gott ist Mensch geworden. Und in ihr ist – wie in einem lebendigen Tabernakel – Christus zu finden. In ihr wird jeder, der sich vertrauensvoll ihr weiht, nach dem Bild des Gottmenschen geformt. Sie ist daher, so der heilige Ludwig Maria Grignion, der leichteste, kürzeste, vollkommenste und sicherste Weg, um ein Heiliger zu werden. Die Weihe an die Mutter Gottes als bewusste Erneuerung des Taufversprechens ist von der Kirche immer empfohlen worden. Der heilige Maximilian Kolbe sagt sogar, dass „außer Zweifel sei, dass alle Heiligen durch die Hände der allerseligsten Jungfrau geformt worden sind. Warum? Weil alle Gnaden durch die Hände dieser heiligsten Mutter fließen". Und der heilige Pfarrer von Ars ist fest davon überzeugt, dass alle Heiligen – ohne Ausnahme – eine große Verehrung für die heilige Jungfrau haben, denn „keine Gnade kommt vom Himmel, ohne durch ihre Hände zu gehen."

Die Statue Unserer Lieben Frau von Quito (Ecuador) zeigt die Mutter Gottes, wie sie auf der teuflischen Schlange tanzt und ihr dabei – wie es bereits im ersten Buch der Bibel vorhergesagt ist (vgl. Gen 3,15) – den Kopf zertritt. Es ist in der Tat außergewöhnlich, die Madonna tanzend darzustellen. Was will uns dieses Bild sagen? Sie, die „voll der Gnade ist", besiegt das Böse gleichsam ohne Mühe und voller Freude. Es ist Gottes Gnade – im Leben Mariens und auch in unserem –, die Großes tut, wenn wir nur, wie die Jungfrau von Nazareth, unser Fiat sprechen und vertrauensvoll mitarbeiten. Es geht darum, Jesus an der Hand seiner Mutter nachzufolgen. Und auch, wenn das Kreuz uns nicht erspart bleiben wird, so erwartet uns doch kein Leben der Traurigkeit und der Verzweiflung, sondern der wahren Freude und Hoffnung. Sich Maria zu weihen bedeutet – um auf das Gnadenbild von Quito anzuspielen –, sich von ihr zu diesem Tanz führen zu lassen, der zwar auf Erden stattfindet, aber schon zu den Klängen einer Musik, die nicht von dieser Welt ist. Das ist die Kernaussage des „Goldenen Buches": Wer sich Maria weiht, macht – beinahe so unbeschwert wie bei einem Tanz – schneller und leichter Fortschritte im geistlichen Leben und im Kampf gegen seine Fehler als mit irgendeiner anderen Übung der Frömmigkeit. Die Marienweihe ist gleichsam der Auftakt zum Reigen eines wahrhaft christlichen Lebens, in dem sich stets aufs Neue drei Schritte wiederholen, die die Mutter Gottes ihren Kindern lehrt: Jesus kennen, Jesus lieben, Jesus dienen. So ist die Verehrung Mariens keineswegs zweitrangig und, wie vielleicht manche meinen, eigentlich gar nicht notwendig. Nein! „Katholisch sein heißt marianisch sein“ (Papst Benedikt XVI., 28. Mai 2011).

Immer wieder gibt es Stimmen, die die Weihe an die Mutter Gottes für eine Übertreibung halten oder in ihr nichts weiter als einen Akt allzu sentimentaler Frömmigkeit sehen. „De Maria numquam satis“, antwortet die Kirche; über Maria kann nie genug gesagt werden, ihr Lob kann niemals übertrieben werden. Gott allein gebührt Anbetung. Maria ist und bleibt ein Geschöpf, aber sie ist das Meisterwerk des göttlichen Künstlers, das seine Größe wie nichts und niemand im gesamten Universum widerspiegelt. Das Zweite Vatikanische Konzil lehrt, dass „die Kirche in der seligsten Jungfrau schon zur Vollkommenheit gelangt ist, in der sie ohne Makel und Runzel ist“ (LG 65). Maria ist – was kein Geschöpf von sich in dieser Weise sagen kann – Mutter Gottes (vgl. LG 53). Als einzige kann sie ihren Herrn und Gott „mein Kind“ nennen! Sich Maria zu weihen bedeutet daher nichts anderes, als in die Dynamik der Liebe einzutreten und der Logik der Inkarnation zu folgen. Die Heiligen haben nie gefürchtet, sie könnten in ihrer Verehrung für die allerseligste Jungfrau übertreiben. Die, die sich der Mutter Gottes geweiht haben, nennen sich – fast so, als wollten sie sich gegenseitig überbieten – Kinder Mariens, ihre Diener, ihre Sklaven, ihr Eigentum. Der heilige Johannes Eudes sagt sogar: „Wenn ich eine Person kennen würde, die Maria mehr liebt, als ich es tue, so eilte ich schleunigst zu ihr – auch hundert Meilen – um von ihr zu lernen, wie die Jungfrau noch mehr geliebt werden könne“. Die Weihe an Maria ist kein „katholischer Kitsch“ oder eine fragwürdige Frömmigkeitsform, sondern die Nachfolge Christi an der Hand seiner Mutter, die jeden sicher beglei-

tet, der sich ihr anvertraut. In diesem Sinne steht auf dem Gnadenbild der Schönstattbewegung der vertrauensvolle Satz: „Servus Mariae nunquam peribit" – „Ein Diener Mariens wird niemals zu Grunde gehen".
Der hl. Ludwig Maria führt den, der sich ganz der Muttergottes und durch sie ihrem göttlichen Sohne anvertrauen will, in 33 Tagen zur Weihe an die allerseligste Jungfrau. In dieser Zeit soll der Gläubige sich entschieden von seinen Sünden abwenden und sich mühen, Maria und Jesus mehr lieben zu lernen. Frucht dieser Anstrengung soll eine bewusste Erneuerung der Taufgelübde sein, eine restlose Ganzhingabe an Jesus durch Maria.
Vorliegendes Buch will den Spuren des hl. Ludwig Maria Grignion folgen und seinen Lesern helfen, sich auf die Weihe an die Muttergottes vorzubereiten. Bewusst sind die 33 Tage seiner geistlichen Übungen auf zwölf zusammengefasst worden; drei sollen der besonderen Gewissenserforschung und Lebenserneuerung dienen, neun sollen als Novene die Weihe direkt vorbereiten und dem Beter die wichtigsten Stationen des Lebens Mariens vor Augen führen.
Am Ende der ersten drei Tage empfiehlt es sich sehr, eine gründliche Beichte abzulegen, in der man eventuell weiter und tiefer zu blicken sucht als in den gewöhnlichen Beichten. Daher ist es ratsam, die Fragen zur Gewissenserforschung schriftlich zu beantworten und mit Hilfe dieser Notizen ein gründlicheres Bekenntnis, vielleicht sogar über den Zeitraum des ganzen Lebens, vorzubereiten. Gleichzeitig soll man aber auch den Blick nach vorne richten und sich fragen, wie man seine Hauptfehler in Zukunft wirksam bekämpfen kann. So sollen der feste

Wille zur Umkehr und konkrete Vorsätze für ein geistliches Leben Frucht der ersten drei Tage sein.
Jeder Tag der Novene zur Weihevorbereitung besteht aus zwei Teilen: einem Gebets- und einem Leseteil. Der Gebetsteil soll dazu dienen, die Muttergottes besser kennenzulernen, indem man ihr Leben betrachtet und sich ihr im Gebet anvertraut. Dazu sind bewusst die bekanntesten Mariengebete ausgewählt worden, damit sich der Beter in diesen Tagen auch einen marianischen Gebetsschatz aneignen kann. Zentrum des Gebetsteils ist jeweils ein Gesätzchen des Rosenkranzes, das man langsam und anhand der vorangestellten Gedanken betrachtend, das heißt, das jeweilige Geheimnis mit dem Verstand und dem Herzen erwägend, zu beten versuchen soll. Natürlich kann es sinnvoll sein, jeden Tag den ganzen Rosenkranz zu beten, aber gerade diejenigen, die erst beginnen, ein geistliches Leben zu führen, sollen sich davor hüten, sich selbst zu überfordern. Wer niemals Sport getrieben hat, kann keinen Marathon laufen. Wer aber regelmäßig trainiert und in vernünftigen Schritten weitermacht, kann, ohne Zerrungen und Verletzungen zu riskieren, zu sportlichen Höchstleistungen kommen. So ist es auch im geistlichen Leben, in dem es ohnehin gar nicht vorrangig um unser Tun und Schaffen geht, sondern um das vertrauensvolle Mitwirken mit Gottes Gnade.
Im Anschluss an die Gebete und Betrachtungen für jeden Novenentag findet sich ein Leseteil mit einem Abschnitt aus dem Goldenen Buch des hl. Ludwig Maria Grignion von Montfort, dem jeweils eine kurze Einleitung mit dem Kerngedanken des folgenden Textes vorangestellt ist, die Lebensbeschreibung eines Heiligen und ein kurzes Gebet zum Abschluss. Die Lektüre dieser geistlichen Texte

muss nicht unmittelbar nach der jeweiligen Betrachtung erfolgen, sondern es kann durchaus empfehlenswert sein, sich dafür zu einer anderen Stunde des Tages Zeit und Muße zu nehmen. Beim Lesen dieser Texte ist es aber auf alle Fälle sinnvoll, immer wieder kleine Pausen einzulegen, um die Gedanken der Heiligen nachzuvollziehen, zu verinnerlichen und im persönlichen Gebet zu erwägen. Sinnvoll ist es auch, sich in einem „geistlichen Tagebuch" Notizen darüber zu machen und eigene Überlegungen und Kommentare schriftlich festzuhalten.

Dieses Buch hat keinen geringeren Anspruch als jenes des heiligen Ludwig Maria Grignion von Montfort: den schnellsten und sichersten Weg zur Heiligkeit aufzuzeigen. Und doch kann und will es nur Hilfestellungen zu einem vertieften geistlichen Leben liefern. Die verborgenen Schätze, die in den biblischen Texten und in den Schriften der Heiligen zahlreich enthalten sind, muss jeder selbst zu bergen und sich anzueignen versuchen. Wer sich bereits der Muttergottes geweiht hat, kann diese Novene sicherlich nutzbringend verwenden, um die jährliche Erneuerung seiner Ganzhingabe vorzubereiten und sein geistliches Leben zu vertiefen.

Es bleibt zu wünschen, dass diese Weihevorbereitung dazu beitragen möge, dass sich zahlreiche Gläubige großherzig der Muttergottes übereignen, damit sie unserer Zeit viele Heilige schenken kann. So soll auch dieses Buch dem Grundsatz dienen, den der hl. Ludwig Maria Grignion seinem Goldenen Buch vorangestellt hat: „Durch Maria ist Christus in die Welt gekommen; durch Maria will er auch in der Welt herrschen!"

1. Vorbereitungstag

Mein Leben mit Gott

Vorbereitungsgebet zum Heiligen Geist
Es wird an jedem Tag als einleitendes Gebet gesprochen.

Komm, o Geist der Heiligkeit!
aus des Himmels Herrlichkeit
sende Deines Lichtes Strahl.

Komm, der alle Armen liebt,
komm, der gute Gaben gibt,
komm, der jedes Herz erhellt.

Höchster Tröster in der Zeit,
Gast, der Herz und Sinn erfreut,
köstlich Labsal in der Not.

In der Unrast schenkst Du Ruh,
hauchst in Hitze Kühlung zu,
spendest Trost in Leid und Tod.

O Du Licht der Seligkeit,
mach Dir unser Herz bereit,
dring in unsere Seelen ein!

Ohne Deinen Gnadenschein
steht der arme Mensch allein,
kann nicht gut und sicher sein.

Wasche, was beflecket ist,
heile, was verwundet ist,
tränke, was da dürre steht.

Beuge, was verhärtet ist,
wärme, was erkaltet ist,
lenke, was da irregeht.

Heiliger Geist, wir bitten Dich,
gib uns allen gnädiglich
Deiner sieben Gaben Kraft!

Gib Verdienst in dieser Zeit
und dereinst die Seligkeit
nach vollbrachter Wanderschaft. Amen.

Schriftlesung

Das Gleichnis vom königlichen Hochzeitsmahl

Mit dem Himmelreich ist es wie mit einem König, der die Hochzeit seines Sohnes vorbereitete. Er schickte seine Diener, um die eingeladenen Gäste zur Hochzeit rufen zu lassen. Sie aber wollten nicht kommen. Da schickte er noch einmal Diener und trug ihnen auf: „Sagt den Eingeladenen: Mein Mahl ist fertig, die Ochsen und das Mastvieh sind geschlachtet, alles ist bereit. Kommt zur Hochzeit!“ Sie aber kümmerten sich nicht darum, sondern der eine ging auf seinen Acker, der andere in seinen Laden,

wieder andere fielen über seine Diener her, misshandelten sie und brachten sie um.
Da wurde der König zornig; er schickte sein Heer, ließ die Mörder töten und ihre Stadt in Schutt und Asche legen. Dann sagte er zu seinen Dienern: „Das Hochzeitsmahl ist vorbereitet, aber die Gäste waren es nicht wert, eingeladen zu werden. Geht also hinaus auf die Straßen und ladet alle, die ihr trefft, zur Hochzeit ein." Die Diener gingen auf die Straßen hinaus und holten alle zusammen, die sie trafen, Böse und Gute, und der Festsaal füllte sich.
Als sie sich gesetzt hatten, und der König eintrat, um sich die Gäste anzusehen, bemerkte er unter ihnen einen Mann, der kein Hochzeitsgewand anhatte. Er sagte zu ihm: „Mein Freund, wie konntest du hier ohne Hochzeitsgewand erscheinen?" Darauf wusste der Mann nichts zu sagen. Da befahl der König seinen Dienern: „Bindet ihm Hände und Füße, und werft ihn hinaus in die äußerste Finsternis! Dort wird er heulen und mit den Zähnen knirschen. Denn viele sind berufen, aber nur wenige auserwählt." (Mt 22,2-14)

Gedanken zur Betrachtung

Aus reiner Liebe hat Gott jeden Menschen geschaffen. Seiner Glückseligkeit würde nichts fehlen, gäbe es uns nicht. Trotzdem „sehnt" sich Gott nach unserer Liebe und wartet, da er uns das große Geschenk der Freiheit gemacht hat, auf unsere persönliche Antwort. Zwar hat er uns ohne unser Zutun erschaffen, erlösen aber will er uns nur durch unsere Mitarbeit. Diese Mitarbeit bedeutet, dass wir die Einladung des himmlischen Königs zu sei-

nem Hochzeitsmahl annehmen und ihr nichts anderes vorziehen. Schule, Beruf, Familie und Freizeit sind gut und wichtig; wichtiger aber muss uns der Ruf Gottes sein. Unsere Antwort darauf besteht darin, dass wir regelmäßig beten, nach seinem Willen fragen und uns mühen, Gutes zu tun, eifrig und gläubig die Sakramente empfangen, kurz gesagt, ihn lieben, wie er es uns geboten hat: „Du sollst den Herrn, deinen Gott, lieben mit ganzem Herzen, mit ganzer Seele und mit all Deiner Kraft" (Dtn 6,5)!
Wie tragisch ist es, dass viele Menschen nicht erkennen, dass Gott nichts anderes will, als sie glücklich zu machen. Gott will alle Menschen ewig bei sich haben, aber viele antworten ihm nicht, ja lehnen sich gegen ihn auf wie störrische Kinder, die nicht glauben wollen, dass ihr Vater das Beste für sie will. Gott ruft Gute und Böse in sein Reich, ja mit besonderer Liebe ruft er die Sünder und gibt ihnen die Chance, zu bereuen. Gott tut alles, damit wir wenigstens in letzter Minute seine Liebe beantworten.
Die Antwort aber ist unverzichtbar. Die einen geben sie, indem sie ihr Taufkleid ein Leben lang unbefleckt bewahren und es mit guten Werken schmücken, die anderen, indem sie ihre Sünden bereuen und in der Beichte von Gott ein neues weißes Kleid geschenkt bekommen, das wieder im Glanz der heiligmachenden Gnade erstrahlt. Ohne dieses Kleid aber gibt es keinen Eintritt zum Hochzeitsmahl! Ohne dieses Kleid müssen wir uns vor Gott und den Gästen des himmlischen Festes schämen. Wie ein zerlumpter Bettler bei einer irdischen Hochzeit nicht wagen würde, den Festsaal zu betreten, so ergeht es uns, wenn wir ohne festliches Gewand an der Himmelspforte erscheinen. Mühen wir uns, unser Taufkleid rein zu bewahren bzw. immer wieder von Gott reinigen zu

lassen! Schmücken wir es mit vielen guten Werken, damit wir mit umso größerer Freude am himmlischen Hochzeitsmahl teilnehmen können. –
(Kurze Stille und innere Einkehr)

Gewissenserforschung

Mein Verhältnis zu Gott und seiner Kirche

- Habe ich mich bemüht, Gott an die erste Stelle in meinem Leben zu setzen?
- Verstehe ich den Sinn und die Notwendigkeit des Gebets, und gebe ich ihm einen festen Platz in meinem Alltag?
- Bemühe ich mich, Gottes Anruf zu hören und darauf zu antworten?
- Habe ich mir immer wieder Zeit für Gott genommen? Bete ich mit Hingabe, Dankbarkeit, Vertrauen, liebevoller Aufmerksamkeit?
- Habe ich regelmäßig die Sonntagsmesse besucht?
- Habe ich mich um einen würdigen und guten Empfang der hl. Kommunion bemüht, oder bin ich gleichgültig zum Tisch des Herrn gegangen?
- Habe ich mich bemüht, die Sünde in meinem Leben zu meiden und mich immer wieder durch die Beichte von Gott reinigen zu lassen?
- Habe ich an Gott gedacht, ihn in der Kirche besucht oder ihn ganz vergessen?
- Habe ich freiwillig an Gott und an Wahrheiten des Glaubens gezweifelt?
- Habe ich mich um die Vertiefung meines Glaubens bemüht: ab und zu gute Bücher gelesen, den Kate-

chismus studiert, geistlichen Rat gesucht … oder war mir mein Glaubenswissen gleichgültig?

- Bin ich stolz auf meinen Glauben und die Kirche oder habe ich zugelassen, dass andere schlecht über Gott, den Glauben und die Kirche reden?
- Habe ich Ehrfurcht vor Gott und heiligen Dingen oder habe ich leichtfertig heilige Namen ausgesprochen oder gar geflucht?
- Will ich Gottes Freund sein und mein Leben nach ihm ausrichten?
- Bin ich bereit, mein Leben, meinen Alltag, meine Zukunftspläne auf ihn auszurichten?
- Was nehme ich mir konkret vor?

Bußpsalm
Psalm 51

Gott sei mir gnädig nach Deiner Huld,
tilge meine Frevel nach Deinem reichen Erbarmen!

Wasch meine Schuld von mir ab,
und mach mich rein von meiner Sünde!

Denn ich erkenne meine bösen Taten,
meine Sünde steht mir immer vor Augen.

Gegen Dich allein habe ich gesündigt,
ich habe getan, was Dir missfällt.

So behältst Du recht mit Deinem Urteil,
rein stehst Du da als Richter.

Denn ich bin in Schuld geboren,
in Sünde hat mich meine Mutter empfangen.

Verbirg Dein Gesicht vor meinen Sünden, tilge all meine Frevel!
Erschaffe mir, Gott, ein reines Herz, und gib mir einen neuen, beständigen Geist!

Verwirf mich nicht vor Deinem Angesicht,
und nimm Deinen Heiligen Geist nicht von mir!

Mach mich wieder froh mit Deinem Heil,
mit einem willigen Geist rüste mich aus!

Herr, öffne mir die Lippen,
und mein Mund wird Deinen Ruhm verkünden.

Schlachtopfer willst Du nicht, ich würde sie Dir geben,
an Brandopfern hast Du kein Gefallen.

Das Opfer, das Gott gefällt, ist ein zerknirschter Geist,
ein zerbrochenes und zerschlagenes Herz wirst Du, Gott, nicht verschmähen.

Ehre sei dem Vater und dem Sohn und dem Heiligen Geist,
wie im Anfang, so auch jetzt und alle Zeit und in Ewigkeit. Amen.

Schlussgebet

Heiliger Geist, Du bist der Geist der Heiligkeit, Reinheit und Liebe! Wie muss ich vor Dir stehen, da ich gesündigt habe? Du hast in der heiligen Taufe meine Seele durch die Eingießung der heiligmachenden Gnade zu Deiner Wohnung gemacht und mir ein makelloses Hochzeitskleid geschenkt, das ich für den Himmel bewahren sollte. Immer wieder hast Du mir deshalb Dein Licht, Deine Liebe und Deine fürsorgende Hilfe geschenkt, damit ich es rein und unverletzt bewahre. Andere, die mit Deiner Gnade mitgewirkt haben, sind durch Dich Heilige geworden, Helden des Glaubens, die ihre Schwächen besiegt haben. Und ich, ich stehe als Sünder vor Dir. Wie ist mein Taufkleid durch die Sünde beschmutzt und zerrissen! Mein Gott, ich schäme mich, so vor Dich zu treten, aber ich weiß, dass Du immer bereit bist, zu verzeihen. Ich weiß, dass Du mich liebst. Vergib mir meine Sünden! Hilf mir, in Zukunft den Versuchungen zu widerstehen. Unter Deiner Führung und an der Hand Mariens will ich heilig werden. Amen.

2. Vorbereitungstag

Mein Verhältnis zum Nächsten

Vorbereitungsgebet zum Heiligen Geist

Komm, o Geist der Heiligkeit!
aus des Himmels Herrlichkeit
sende Deines Lichtes Strahl.
Komm, der alle Armen liebt,
komm, der gute Gaben gibt,
komm, der jedes Herz erhellt.

Höchster Tröster in der Zeit,
Gast, der Herz und Sinn erfreut,
köstlich Labsal in der Not.
In der Unrast schenkst Du Ruh,
hauchst in Hitze Kühlung zu,
spendest Trost in Leid und Tod.

O Du Licht der Seligkeit,
mach Dir unser Herz bereit,
dring in unsere Seelen ein.
Ohne Deinen Gnadenschein
steht der arme Mensch allein,
kann nicht gut und sicher sein.

Wasche, was beflecket ist,
heile, was verwundet ist,
tränke, was da dürre steht.

Beuge, was verhärtet ist,
wärme, was erkaltet ist,
lenke, was da irregeht.

Heiliger Geist, wir bitten Dich,
gib uns allen gnädiglich
Deiner sieben Gaben Kraft!
Gib Verdienst in dieser Zeit
und dereinst die Seligkeit
nach vollbrachter Wanderschaft. Amen.

Schriftlesung

Vom Weltgericht

Wenn der Menschensohn in seiner Herrlichkeit kommt und alle Engel mit ihm, dann wird er sich auf den Thron seiner Herrlichkeit setzen. Und alle Völker werden von ihm zusammengerufen werden, und er wird sie voneinander scheiden, wie der Hirt die Schafe von den Böcken scheidet. Er wird die Schafe zu seiner Rechten versammeln, die Böcke aber zur Linken. Dann wird der König denen auf der rechten Seite sagen: „Kommt her, die ihr von meinem Vater gesegnet seid, nehmt das Reich in Besitz, das seit der Erschaffung der Welt für euch bestimmt ist. Denn ich war hungrig, und ihr habt mir zu essen gegeben; ich war durstig und ihr habt mir zu trinken gegeben; ich war fremd und obdachlos, und ihr habt mich aufgenommen; ich war nackt, und ihr habt mir Kleidung gegeben; ich war krank, und ihr habt mich be-

sucht; ich war im Gefängnis, und ihr seid zu mir gekommen."
Dann werden ihm die Gerechten antworten: „Herr, wann haben wir dich hungrig gesehen und dir zu essen gegeben oder durstig und dir zu trinken gegeben? Und wann haben wir dich fremd und obdachlos gesehen und aufgenommen oder nackt und dir Kleidung gegeben? Und wann haben wir dich krank oder im Gefängnis gesehen und sind zu dir gekommen?" Darauf wird der König ihnen antworten: „Amen, ich sage euch: Was ihr für einen meiner geringsten Brüder getan habt, das habt ihr mir getan."
Dann wird er sich auch an die auf der linken Seite wenden und zu ihnen sagen: „Weg von mir, ihr Verfluchten, in das ewige Feuer, das für den Teufel und seine Engel bestimmt ist [...] – Was ihr für einen dieser Geringsten nicht getan habt, das habt ihr mir nicht getan." Und sie werden weggehen und die ewige Strafe erhalten, die Gerechten aber das ewige Leben.
(Mt 25,31-41,45b f.)

Gedanken zur Betrachtung

Überall hören und lesen wir von sozialen Programmen und vom Einsatz für Mitmenschlichkeit, Toleranz und Gerechtigkeit. Auch Menschen, die nicht an Gott und ein Leben nach dem Tod glauben, setzen sich für eine bessere Welt ein, engagieren sich für Minderheiten oder arbeiten für den Umweltschutz. Muss man sich zu Christus bekennen, um ein guter Mensch zu sein? Genügt es nicht, nichts Böses zu tun? – Nein! Das, was Christus uns im Evangelium vom Weltgericht vorlegt, verlangt mehr.

Er fordert nicht einfach nur, dass wir gute Menschen werden, sondern dass wir den Nächsten aufrichtig lieben. Das ist mehr als nur ein Almosen! Es geht darum, dass wir uns hingeben und verschenken im Dienst an den anderen. Christliche Nächstenliebe ist mehr als ein Wohltätigkeitsverein, mehr als Engagement für eine bessere Welt. Echte christliche Nächstenliebe ist stets die Folge einer tiefen Gottesliebe. Sie geht über die guten Werke derer, die nicht glauben, hinaus, denn sie verlangt auch persönliches Zurückstecken, Verzicht auf eigene Vorteile, bereitwilliges Verzeihen, Geduld und Opferbereitschaft. Kraft zu einer solchen Haltung kommt aus dem Glauben, aus einer innigen Freundschaft zu Jesus, dem wir in den Ärmsten der Armen dienen dürfen. „Geben, bis es wehtut", wie Mutter Teresa lehrt, ist nur möglich aus der Kraft des Glaubens – in der wahren christlichen Großmut, die uns fähig macht, zu geben, ohne zu zählen, sich selbst zu verschenken, ohne Lohn dafür zu erwarten.

Die Perikope vom Weltgericht mahnt uns zu ganz konkreten Taten der Nächstenliebe, die die Kirche in den Werken der Barmherzigkeit zusammengefasst hat, in den sieben leiblichen – Hungrige speisen, Durstige tränken, Nackte bekleiden, Fremde beherbergen, Gefangene erlösen, Kranke besuchen, Tote begraben – und in den sieben geistlichen Werken der Barmherzigkeit – Sünder zurechtweisen, Unwissende lehren, Zweifelnden recht raten, Betrübte trösten, Lästige geduldig ertragen, Beleidigern gerne verzeihen, für Lebende und Verstorbene beten. Diese zweimal sieben Taten der christlichen Nächstenliebe können uns Maßstab bei der Gewissenserforschung sein, besonders bei der oft vergessenen Frage, wo wir es

unterlassen haben, Gutes zu tun und dem Herrn in den leidenden Brüdern zu dienen.
Natürlich sehen wir in den Notleidenden nicht immer Christus vor uns, schon gar nicht in denen, die uns lästig und unsympathisch sind. Wenn wir uns aber dennoch überwinden und uns mühen, Gutes zu tun, so dürfen wir uns auf das Jüngste Gericht freuen, wenn sich uns der Herr zu erkennen gibt: „Was ihr einem meiner geringsten Brüder getan habt, das habt ihr mir getan!" Dadurch wird echte Nächstenliebe zum Dienst für Gott! Die Heiligen, von denen die Rede des Weltgerichts spricht, üben die Liebe – so könnte man fast sagen – ohne nachzudenken. Sie tun es einfach, weil das, wovon ihr Herz voll ist, in ihre Taten überströmt. Wo immer sie Not sehen, lindern sie sie. Es ist nicht mehr nur das Gebot Christi, dem sie sich verpflichtet fühlen, so als ob sie sich stets erinnern müssten, was Jesus von ihnen fordert. Sie tun das Gute mit Selbstverständlichkeit, Hingabe und Spontaneität.
Die Gerechten vor dem Richterstuhl Christi scheinen nicht zu wissen, dass sie durch ihre Nächstenliebe dem Herrn gedient haben. Mehr aber noch dürfte ihre Haltung der Ausdruck einer tiefen Überraschung und Verwunderung sein, dass es stets Jesus war, dessen kranken Leib sie gepflegt und dessen Einsamkeit sie durch ihre Besuche gemindert haben. Fast mit einer gewissen Erschütterung schauen sie, wie sehr sich der Herr des Himmels erniedrigt und mit den Armen, Kranken, Schwachen und Unterdrückten gelitten hat. Und tatsächlich hat er, der als Unschuldigster aller Menschen zum Tod verurteilt wird, durch sein Kreuz alles Leid dieser Welt getragen. Vor dem Richterstuhl des Pilatus lädt er die Sünden, Krankheiten, Ängste und Nöte der Menschen auf seine Schul-

tern. – Als kommender Richter der Völker wird er all die gerecht nennen, die mit ihm sein Kreuz getragen haben. Schöpfen wir aus dem Wissen, dass es der Herr ist, dem wir Gutes tun, die Kraft zur täglichen Hingabe. Denken wir daran, dass wir ihn verachten, wenn wir es unterlassen, dem Nächsten Gutes zu tun. Das Evangelium vom Weltgericht sagt es uns ja ganz deutlich: Die Sünder, die Christus verurteilt hat, haben allesamt nichts Böses verbrochen – zumindest erfahren wir nichts davon –, aber, und das ist ihre Schuld, sie haben auch nichts Gutes getan. Sie haben dem Herrn ihre Liebe nicht bewiesen. Nutzen wir die Zeit, um Gutes zu tun, denn wir alle werden im Jüngsten Gericht erstaunt sein, dass Gott keines der kleinsten guten Werke vergisst und jeden Liebesdienst hundertfach vergelten wird – mag er uns auch unbedeutend und gering erscheinen.
(Besinnung)

Gewissenserforschung

Mein Verhältnis zum Nächsten

- ❖ Bemühe ich mich, anderen Gutes zu tun, oder denke ich nur an meinen eigenen Vorteil?
- ❖ Unterstütze ich die Mission oder andere wohltätige Organisationen?
- ❖ Bete ich für meine Eltern, Verwandten, Freunde und auch für die, die mir Unrecht tun?
- ❖ Stehe ich Bedürftigen in meiner Nähe tatkräftig bei?
- ❖ Habe ich den Mut, die Wahrheit zu sagen?

- Kann ich schweigen, wenn Worte die Liebe verletzen würden?
- Versuche ich, in meinen Mitmenschen ihre guten Eigenschaften zu sehen, oder suche ich immer wieder nach Fehlern, um vielleicht selbst in besserem Licht zu erscheinen?
- Bin ich gastfreundlich? Gehe ich auf Einsame, Außenseiter und schwierige Menschen zu?
- Habe ich Geduld mit anderen?
- Bin ich jähzornig, egoistisch, eitel?
- Gehorche ich meinen Vorgesetzten? Sofort und gern, oder widerwillig und oberflächlich?
- Achte ich fremdes Eigentum?
- Bin ich ein guter Freund? Wünsche ich anderen Gutes oder denke ich schlecht über sie?
- Bemühe ich mich, ein gutes Beispiel zu geben?
- Was muss ich konkret ändern?
- Wer in meiner Nähe braucht besonders meine Hilfe oder mein Gebet?

Bußpsalm
Psalm 130

Aus der Tiefe rufe ich, Herr, zu Dir:
Herr, höre meine Stimme!

Wende Dein Ohr mir zu,
achte auf mein lautes Flehen!

Würdest Du, Herr, unsere Sünden beachten,
Herr, wer könnte bestehen?

Doch bei Dir ist Vergebung,
damit man in Ehrfurcht Dir dient.

Ich hoffe auf den Herrn, es hofft meine Seele,
ich warte voll Vertrauen auf sein Wort.

Meine Seele wartet auf den Herrn,
mehr als die Wächter auf den Morgen.

Mehr als die Wächter auf den Morgen,
soll Israel harren auf den Herrn!

Denn beim Herrn ist die Huld,
bei ihm ist Erlösung in Fülle.

Ja, er wird Israel erlösen
von allen seinen Sünden.

Ehre sei dem Vater …

Schlussgebet

O mein Herr und mein Gott! Ich habe nun mit Deiner Gnade mein Gewissen erforscht. Lass mich meinen Seelenzustand im Lichte des Glaubens so sehen, wie Du ihn siehst; lass mich erkennen, wie ich vor Dir stünde, wenn Du mich noch heute zum Gericht riefest. Lass mich durch Deine Erleuchtung begreifen, was ich in Gedanken, Worten und Werken, mit meinen fünf Sinnen, mit meinem Gedächtnis, Verstand und Willen, mit den Kräften des Leibes und der Seele gesündigt und was ich Gutes unterlassen habe. Lass es mich herzlich bereuen. Gib, dass ich Dich über alles liebe, weil Du das höchste, beste Gut bist, das über alles geliebt zu werden verdient. Gib, dass ich meinen Nächsten um deinetwillen liebe und Dir in allen meinen Brüdern, die meiner täglich bedürfen, zu dienen suche. Amen.

3. Vorbereitungstag

Mein Verhältnis zu mir selbst

Vorbereitungsgebet zum Heiligen Geist

Komm, o Geist der Heiligkeit!
aus des Himmels Herrlichkeit
sende Deines Lichtes Strahl.
Komm, der alle Armen liebt,
komm, der gute Gaben gibt,
komm, der jedes Herz erhellt.

Höchster Tröster in der Zeit,
Gast, der Herz und Sinn erfreut,
köstlich Labsal in der Not.
In der Unrast schenkst Du Ruh,
hauchst in Hitze Kühlung zu,
spendest Trost in Leid und Tod.

O Du Licht der Seligkeit,
mach Dir unser Herz bereit,
dring in unsere Seelen ein.
Ohne Deinen Gnadenschein
steht der arme Mensch allein,
kann nicht gut und sicher sein.

Wasche, was beflecket ist,
heile, was verwundet ist,
tränke, was da dürre steht.

Beuge, was verhärtet ist,
wärme, was erkaltet ist,
lenke, was da irregeht.

Heiliger Geist, wir bitten Dich,
gib uns allen gnädiglich
Deiner sieben Gaben Kraft!
Gib Verdienst in dieser Zeit
und dereinst die Seligkeit
nach vollbrachter Wanderschaft. Amen.

Schriftlesung

Das Gleichnis vom anvertrauten Geld

Es ist wie mit einem Mann, der auf Reisen ging: Er rief seine Diener und vertraute ihnen sein Vermögen an. Dem einen gab er fünf Talente Silbergeld, einem anderen zwei, wieder einem anderen eines, jedem nach seinen Fähigkeiten. Dann reiste er ab.
Sofort begann der Diener, der fünf Talente erhalten hatte, mit ihnen zu wirtschaften, und er gewann noch fünf dazu. Ebenso gewann der, der zwei erhalten hatte, noch zwei dazu. Der aber, der das eine Talent erhalten hatte, ging und grub ein Loch in die Erde und versteckte das Geld seines Herrn.
Nach langer Zeit kehrte der Herr zurück, um von seinen Dienern Rechenschaft zu verlangen. Da kam der, der fünf Talente erhalten hatte, brachte fünf weitere und sagte: „Herr, fünf Talente hast Du mir gegeben; sieh her, ich habe noch fünf dazugewonnen.“ Sein Herr sagte zu ihm:

„Sehr gut, du bist ein tüchtiger und treuer Diener. Du bist im Kleinen ein treuer Verwalter gewesen, ich will dir eine große Aufgabe übertragen. Komm, nimm teil an der Freude deines Herrn!“ Dann kam der Diener, der zwei Talente erhalten hatte und sagte: „Herr, du hast mir zwei Talente gegeben; sieh her, ich habe noch zwei dazugewonnen.“ Sein Herr sagte zu ihm: „Sehr gut, du bist ein tüchtiger und treuer Diener. Du bist im Kleinen ein treuer Verwalter gewesen, ich will dir eine große Aufgabe übertragen. Komm, nimm teil an der Freude deines Herrn!“

Zuletzt kam auch der Diener, der das eine Talent erhalten hatte, und sagte: „Herr, ich wusste, dass du ein strenger Mann bist; du erntest, wo du nicht gesät hast, und sammelst, wo du nicht ausgestreut hast; weil ich Angst hatte, habe ich dein Geld in der Erde versteckt. Hier hast du es wieder.“ Sein Herr antwortete ihm: „Du bist ein schlechter und fauler Diener! Du hast doch gewusst, dass ich ernte, wo ich nicht gesät habe, und sammle, wo ich nicht ausgestreut habe. Hättest du mein Geld wenigstens auf die Bank gebracht, dann hätte ich es bei meiner Rückkehr mit Zinsen zurückerhalten. Darum nehmt ihm das Talent weg und gebt es dem, der die zehn Talente hat! Denn wer hat, dem wird gegeben, und er wird im Überfluss haben; wer aber nicht hat, dem wird auch noch weggenommen, was er hat. Werft den nichtsnutzigen Diener hinaus in die äußerste Finsternis! Dort wird er heulen und mit den Zähnen knirschen.“ (Mt 25,14-30)

Gedanken zur Betrachtung

Gott hat jedem von uns eine Vielzahl von Talenten und Begabungen gegeben. Manche leben auch in äußerem Wohlstand oder haben beste Beziehungen, um im Leben voran zu kommen. Vor allem aber hat uns Gott in der Taufe das Geschenk der heiligmachenden Gnade gegeben. Sie ist es, die uns ihm ähnlich macht und uns daher einmal befähigen wird, ihn im Himmel zu schauen. Aber auch diese heiligmachende Gnade ist kein Besitz, den wir vergraben sollen. Vielmehr will Gott, dass wir sie durch gute Werke, häufigen Empfang der Sakramente, geduldiges Ertragen von Leid und tatkräftige Arbeit für sein Reich vermehren. Je größer dieser Schatz der heiligmachenden Gnade in uns ist, um so größer wird auch die Herrlichkeit des Himmels für uns sein: Zwar sind alle Menschen im Himmel unsagbar glücklich, da Gott die Gefäße unserer Seelen randvoll mit Herrlichkeit füllen wird; je größer und weiter wir aber diese Schalen zeit unseres Lebens gemacht haben, umso voller werden sie in der jenseitigen Welt sein. Je mehr wir lieben, umso glücklicher werden wir! Als Knechte Gottes müssen wir mit all den uns anvertrauten natürlichen und übernatürlichen Gaben wuchern und arbeiten. Ganz konkret: Gott wird uns einmal fragen, warum er uns das Talent eines Musikers gegeben hat und wir kein Instrument gelernt haben. Wir werden uns rechtfertigen müssen, warum er uns äußeren Wohlstand geschenkt hat und wir nicht einmal die Zinsen unseres Reichtums zum Aufbau seines Reiches verwendet haben. Wir werden ihm Antwort geben müssen, ob wir ein bequemes und gemütliches, braves und spießbürgerliches Leben geführt haben – nicht schlechter

als so viele andere – oder ob wir alles für ihn eingesetzt haben.
Um Missverständnissen vorzubeugen: Gott beruft nicht jeden Menschen, ins Kloster zu gehen und seinen ganzen Besitz den Armen zu schenken, um so buchstäblich den vollen Gewinn aus seinen Talenten zu erzielen. Gott will vielmehr, dass jeder, sei er Familienvater oder alleinstehende Lehrerin, Gärtner oder Professor, in seinem Beruf Christus nachfolgt und ihm mit all seinen Fähigkeiten und Talenten dient; vor allem aber, dass jeder sich müht, die heiligmachende Gnade durch Gebet, Sakramentenempfang und gute Werke zu vermehren und sich so einen Schatz im Himmel zu erwerben, den kein Dieb stehlen kann (vgl. Mt 6,20).
Im Gleichnis von den Talenten sehen wir wiederum, dass Gott mehr verlangt, als nur nichts Böses zu tun. Der König wirft dem faulen Knecht sogar vor, sein Talent nicht einmal zur Bank getragen zu haben, denn dort hätte es ja wenigstens Zinsen gebracht. Wenn wir dieses Bild auf die heiligmachende Gnade anwenden, so können wir die Beichte mit einer Bank vergleichen: Jedesmal, wenn uns Christus durch den Priester die Vergebung der Sünden schenkt, vermehrt er auch die heiligmachende Gnade in uns. – Gott freut sich, dass wir zu ihm zurückkehren und seine Erlösung an uns wirksam werden kann, so dass er uns noch wunderbarer erneuert, als wir vor unserem Fall gewesen sind. Jesus ist der „göttliche Bankier“, der es liebt, an alle, die ihm vertrauen, seine Schätze auszuteilen.
Auch die heiligsten Herzen Jesu und Mariens dürfen wir mit einer Bank vergleichen, auf der wir reichlich Zinsen für unser spärliches Guthaben erhalten. Wenn wir der Gottesmutter und durch sie ihrem Sohn all unsere Talen-

te und den Schatz der heiligmachenden Gnade, den wir in einem zerbrechlichen Gefäß tragen (vgl. 2 Kor 4,7), anvertrauen, werden unsere natürlichen und übernatürlichen Güter reiche Frucht bringen. Unsere Mutter wird nicht zulassen, dass wir am Ende unseres Lebens mit leeren Händen vor dem König stehen und fürchten müssen, wie der faule Knecht verworfen zu werden. Vielmehr wird uns Christus um Mariens willen, die als unsere Sachwalterin an seinem Thron für uns eintritt, zurufen: „Ich habe meine Mutter von dir reden hören. Komm, nimm teil an der Freude deines Herrn!“ –
(Kurze Stille und innere Einkehr)

Gewissenserforschung

Mein Verhältnis zu mir selbst

- Bemühe ich mich, meine gottgegebenen Talente zu vermehren, oder bin ich träge und gleichgültig?
- Habe ich hohe Ziele und Ideale (welche?), oder denke ich nur an mich selbst, mein Vergnügen und Wohlergehen?
- Frage ich nach Gottes Willen für mein Leben, und suche ich ihn zu erfüllen?
- Hänge ich allzu sehr an Sport und Spiel, Freunden und Vergnügungen, Besitz und Geld, oder bin ich innerlich frei für Gott und seine Pläne mit mir?
- Bin ich geizig oder verschwenderisch?
- Bin ich unzuverlässig und „wie ein Fähnlein im Wind“?

- Bemühe ich mich, Trägheit, Unordnung und Langeweile in meinem Leben zu bekämpfen und Gutes zu tun?
- Bin ich bereit, Opfer und Verzicht zu bringen? Erfülle ich meine Pflichten zu Hause, in Schule und Beruf?
- Bemühe ich mich, meine Sinne zu beherrschen und Neugierde, Nasch- und Esslust, Geschwätzigkeit, Eitelkeit zu bekämpfen?
- Gehe ich verantwortungsvoll mit Radio, Fernsehen und Internet um?
- Achte ich meinen Leib und bemühe ich mich um Gesundheit? Meide ich Überanstrengung und Verweichlichung?
- Mühe ich mich um Keuschheit und Reinheit? Bewahre ich mir die innere Freiheit, zu all dem „Nein“ zu sagen, was mich versklaven kann?
- Halte ich Distanz zu unsittlichen Bekannten, Filmen und Zeitschriften, zweifelhaften Vergnügungen?
- Bin ich mir und anderen gegenüber wahrhaftig?
- Sehe ich mich im rechten Licht, d.h. bin ich demütig, oder überschätze ich mich?
- Achte ich auf äußere Ordnung und Sauberkeit?
- Vertraue ich darauf, dass Gottes Gnade in mir wirken kann, was ich allein nicht schaffe, so dass ich vertrauensvoll, gelassen und hoffnungsfroh bleiben kann, auch wenn ich Schwierigkeiten begegne?
- Bemühe ich mich, durch Verzicht und Anstrengung meinen Willen zu stärken? Lasse ich mich gehen, oder habe ich meine Leidenschaften und Neigungen im Griff?
- Wo steckt mein Hauptfehler? Was kann ich konkret tun, um ihn zu bekämpfen? Welches Opfer, welchen

Verzicht will ich üben, um meinen Willen zum Guten zu stärken?

Bußpsalm
Psalm 32

Selig, wem vergeben die Missetat,
wem zugedeckt ward die Sünde.

Selig der Mensch, dem der Herr nicht rechnet die Schuld,
dem Trug nicht wohnet im Geiste.

Solange ich schwieg, da ward ich verzehrt bis ins Mark,
endlos währte mein Stöhnen.

Schwer lag auf mir Deine Hand bei Tag und bei Nacht,
meine Kraft verdorrte wie unter Gluten des Sommers.

Da habe ich Dir meine Sünde bekannt,
nicht länger verbarg ich meine Schuld.

Ich sprach: Bekennen will ich dem Herrn meine Bosheit!
Und Du hast mir die Schuld meiner Sünde vergeben.

So möge denn beten zu Dir jeder Fromme in den Zeiten der Trübsal.
Und brechen herein die Fluten der Wasser, ihn werden sie nicht erreichen.

Du bist meine Zuflucht, Du wirst mich bewahren vor Ängsten,
mich umgeben mit der Freude des Heiles.

Ehre sei dem Vater …

Schlussgebet

Gütiger Gott und Vater, Du bist mein Herr und mein Schöpfer. Aus reiner Liebe hast Du mich ins Dasein gerufen und mich am Leben erhalten. Du willst, dass ich einst teilnehme an Deiner ewigen Seligkeit. Aus Liebe schenkst Du mir die Gnade des heiligen Glaubens und hast mir unzählige Gaben anvertraut, mit denen ich zu Deiner Ehre arbeiten und wuchern sollte. Wie hätte ich Dir dafür treu und dankbar sein müssen! Ich aber habe Deine Gebote übertreten, ich habe gesündigt und Dich verlassen. Ich habe mich als ein schlechter und treuloser Knecht erwiesen und oft das Böse getan, noch öfter aber das Gute und Bessere unterlassen. Verzeih mir! Ich verabscheue meine Sünden von ganzem Herzen, und es reut mich, Dich beleidigt zu haben. Um des bitteren Leidens und Sterbens Deines Sohnes Jesus Christus und des Mitleidens seiner heiligsten Mutter Maria willen verzeihe mir. Amen.

Am Ende der dreitägigen Vorbereitungszeit empfiehlt es sich sehr, eine gute Beichte abzulegen, in der nicht nur Sünden, sondern auch Unvollkommenheiten und falsche Grundhaltungen zur Sprache kommen können. Sollte kein Priester zur Verfügung stehen, kann man die Beichte natürlich auch verschieben, sollte sich jedoch bemühen, auf alle Fälle noch vor Abschluss der Novene und der darauffolgenden Marienweihe das Bußsakrament zu empfangen.

1. Novenentag

Maria –
Die Unbefleckte Empfängnis

Nachdem wir unsere Sünden bereut und gebeichtet haben, können wir mit frohem Herzen nach vorne blicken; unsere Schuld ist vernichtet, die Sünde vergeben und zählt nicht mehr in den Augen Gottes.
Umso wichtiger ist es jetzt, unser „neues" Leben großmütig, ohne Halbheiten und Kompromisse, zu beginnen. Die Novene vor der Marienweihe soll dazu helfen. Daher empfiehlt es sich, während der kommenden neun Tage nicht nur sorgfältig die vorgegebenen Gebete zu verrichten, sondern sich selbst täglich ein kleines Opfer zu suchen, das wir Maria schenken können. Außerdem stärkt ja jeder freiwillige Verzicht unseren Willen zum Guten. Wenn wir mit solchem Eifer die Weihe an die Gottesmutter vorbereiten, dürfen wir sicher sein, ganz reiche Gnaden von ihr zu erhalten; sie lässt sich ja niemals an Großmut und Liebe übertreffen.

Vorbereitungsgebet zum Heiligen Geist

Atme in mir, Du Heiliger Geist,
dass ich Heiliges denke.
Treibe mich, Du Heiliger Geist,
dass ich Heiliges tue.
Locke mich, Du Heiliger Geist,
dass ich Heiliges liebe.
Stärke mich, Du Heiliger Geist,
dass ich das Heilige hüte.

Hüte mich, Du Heiliger Geist,
dass ich es nimmermehr verliere. Amen.

Schriftlesung

Die Verheißung des Messias und seiner heiligen Mutter

Gott, der Herr, rief Adam zu und sprach: „Wo bist du?“ Er antwortete: „Ich habe dich im Garten kommen hören; da geriet ich in Furcht, weil ich nackt bin, und versteckte mich.“ Darauf fragte er: „Wer hat dir gesagt, dass du nackt bist? Hast du von dem Baum gegessen, von dem zu essen ich dir verboten habe?“ Adam antwortete: „Die Frau, die du mir beigestellt hast, sie hat mir von dem Baum gegeben, und so habe ich gegessen.“ Gott der Herr sprach zu der Frau: „Was hast du da getan?“ Die Frau antwortete: „Die Schlange hat mich verführt, und so habe ich gegessen.“
Da sprach Gott, der Herr, zur Schlange: „Weil du das getan hast, bist du verflucht unter allem Vieh und allen Tieren des Feldes. Auf dem Bauch sollst du kriechen und Staub fressen alle Tage deines Lebens. Feindschaft setze ich zwischen dich und die Frau, zwischen deinen Nachwuchs und ihren Nachwuchs. Sie zertritt dir den Kopf, und du triffst ihn an der Ferse.“ (Gen 3,9-15)

Gedanken zur Betrachtung

Schon im ersten Buch der Bibel wird von Maria gesprochen. Gott kündigt Adam und Eva, die wegen ihrer Sünde das Paradies verloren haben, die Erlösung an, die Jesus Christus der Welt bringen wird. Weil aber Maria den Heiland gebären wird, ist sie es, durch die das Heil zu den Menschen kommen wird. Ihr Sohn ist der Feind der teuflischen Schlange; ja sie selbst ist die von Gott verheißene Frau, die ihr den Kopf zertreten wird!

Gleich nach dem Sieg des Teufels, den er im Paradies errungen hat, kündet Gott dessen Vernichtung an. Er erwählt ein schwaches, aber demütiges und reines Mädchen, das seinen Sohn empfangen soll, um die Schlange zu besiegen. – Welche Demütigung für den Teufel! Weil Maria in Feindschaft zur Schlange steht, ist sie völlig frei von jeder Sünde; frei von der Erbschuld, die Tod und Leid in die Welt gebracht hat (vgl. Röm 5,12). Sie ist die Gnadenvolle, in der die Sünde keinen Platz hat, vor der das Böse zurückweichen muss.

Die Kirchenväter nennen Maria die neue Eva, weil sie im Gegensatz zu unserer Stammmutter demütig und gehorsam ist. Was Eva verloren hat, das bringt uns Maria an der Seite des neuen Adam, Jesus Christus, überreich wieder. Weil Eva unter dem Baum im Paradies sündigte, stirbt Christus für unsere Schuld am Holz des Kreuzes. So steht Maria als die neue Eva und neue Mutter aller Menschen unter dem Kreuz, dem wahren Baum des Lebens, von dem sie uns als Mittlerin aller Gnaden die Früchte der Erlösung reicht.

Als auf Golgota der Teufel die Ferse Christi trifft – mit dieser „leichten“ Verletzung ist der Tod Jesu gemeint, der nur drei Tage währt – zertritt Maria in der Gnade ihres göttlichen Sohnes den Kopf der höllischen Schlange. Wenn Jesus seine Mutter gegenüber Johannes „Frau“

nennt, so erinnert er an eben diese Vorhersage unserer Erlösung im ersten Buch der Bibel.
Freuen wir uns, dass Maria als die Sündenlose, die Immaculata, die Feindin der Schlange und die vielgeliebte Freundin Gottes ist. Ja, ganz schön ist sie, und kein Makel ist an ihr! – Bitten wir sie, dass wir ihr ähnlich werden mögen und durch ihre Hilfe Kraft finden, die Sünde zu meiden und wie sie das Gute zu tun.

Gesätzchen vom Rosenkranz

… Jesus, den Du, o Jungfrau, geboren hast …

(Gesätzchen – vgl. S. 200: ein „Vater unser", zehn „Gegrüßet seist Du, Maria" mit obigem Zusatz; „Ehre sei dem Vater", „O mein Jesus")

Wir freuen uns, dass Gott uns durch Maria Jesus schenken will, den Erlöser, den er schon im Paradies verheißen hat.

Gebet zur Mutter Gottes

Unter Deinen Schutz und Schirm fliehen wir, o heilige Gottesgebärerin. Verschmähe nicht unser Gebet in unseren Nöten, sondern erlöse uns jederzeit von allen Gefahren, o Du glorwürdige und gebenedeite Jungfrau, unsere Frau, unsere Mittlerin, unsere Fürsprecherin. Versöhne uns mit Deinem Sohne, empfiehl uns Deinem Sohne, stelle uns vor Deinem Sohne. Amen.

Schlussgebet

Allmächtiger Gott, Du hast durch die unbefleckte Empfängnis Mariens Deinem Sohn eine würdige Wohnstatt bereitet; nun bitten wir Dich: Wie Du sie in Voraussicht des Todes dieses Deines Sohnes vor aller Makel bewahrt hast, so lass auf ihre Fürsprache hin auch uns rein zu Dir gelangen. Darum bitten wir durch ihn, Deinen Sohn, unseren Herrn und Gott, der in der Einheit des Heiligen Geistes mit Dir lebt und herrscht in Ewigkeit. Amen.

Geistliche Lesestücke für die Tage der Novene

zum 1. Novenentag

Aus dem Goldenen Buch

Die echte Marienverehrung

Was bedeutet es eigentlich, Maria zu verehren? Wie muss unsere Haltung ihr gegenüber aussehen? Der hl. Ludwig Maria Grignion nennt uns fünf Eigenschaften der wahren Marienverehrung: innerlich, innig, heilig, beständig, uneigennützig! Kurz gesagt: Wie kleine Kinder bedingungslos ihrer Mutter vertrauen und sie über alles lieben, so sollen auch wir Maria lieben und ehren. Wenn wir Maria so lieben, können wir von Herzen froh sein, denn einem echten Marienverehrer sieht man es an, dass er ein glückliches Kind seiner himmlischen Mutter ist.

Die echte Marienverehrung ist erstens innerlich, das heißt: sie kommt aus der Seele und aus dem Herzen; sie wurzelt in der Wertschätzung Mariens, in der hohen Vorstellung von ihrer Größe und in der Liebe zu ihr.
Sie ist zweitens innig, das heißt: voll Vertrauen zur heiligsten Jungfrau, gleich dem Vertrauen eines Kindes zu seiner guten Mutter. Und so nimmt die Seele in allen leiblichen und geistigen Nöten voll Einfalt, Vertrauen und Innigkeit ihre Zuflucht zu Maria. Immer, überall und in allen Dingen erfleht sie die Hilfe ihrer guten Mutter. In ihren Zweifeln bittet die Seele um Erleuchtung, in ihren

Verirrungen um die rechte Führung, in ihren Versuchungen um Hilfe, in ihren Schwächen um Stärkung. Wenn sie fällt, möchte sie wieder aufgerichtet werden; ist sie mutlos, dann bittet sie um Ermutigung. In ihren Gewissensängsten bittet sie um Befreiung; inmitten von Kreuz und Mühsal und all den Enttäuschungen, die das Leben bringt, verlangt sie nach Trost. Kurz: in aller Not des Leibes und der Seele ist Maria stets ihre Zuflucht, ohne dass sie fürchten müsste, dieser guten Mutter lästig zu sein oder Jesus Christus zu missfallen.
Die echte Marienverehrung ist drittens heilig, das heißt: sie bewirkt, dass die Seele die Sünde meidet und die Tugenden Mariens nachahmt, besonders ihre tiefe Demut, ihren lebendigen Glauben, ihren blinden Gehorsam, ihr ständiges Gebet, ihre allseitige Abtötung, ihre himmlische Reinheit, ihre glühende Gottesliebe, ihre heldenmütige Geduld, ihre engelhafte Milde und himmlische Weisheit. Das sind die Haupttugenden der Gottesmutter.
Die echte Marienverehrung ist viertens beständig, das heißt: sie befestigt die Seele im Guten und bewirkt, dass sie ihre Frömmigkeitsübungen nicht leicht aufgibt. Sie flößt ihr Mut ein zum Widerstand gegen das Tun und den Geist der Welt, gegen die Nöte und Leidenschaften des Fleisches und gegen die Versuchungen des Teufels. Darum ist ein echter Marienverehrer weder launenhaft, noch missgestimmt, auch kein ängstlicher Skrupulant. Zwar fällt auch er zuweilen und hat Zeiten, in denen er beim Beten weder Andacht noch Innigkeit verspürt; aber wenn er fällt, streckt er die Hand nach seiner guten Mutter aus und steht wieder auf. Verliert er die fühlbare Andacht im Gebet, so beunruhigt ihn das nicht. Denn der gerechte

und treue Marienverehrer lebt aus dem Glauben Jesu und Mariens, nicht aus dem Gefühl.
Fünftens und letztens ist die echte Marienverehrung uneigennützig, das heißt: sie bringt die Seele dazu, nicht sich selbst zu suchen, sondern Gott allein in seiner heiligen Mutter. Ein echter Marienverehrer dient dieser erhabenen Königin nicht aus Gewinnsucht und Eigennutz, nicht um seines zeitlichen oder ewigen Wohles willen, sondern einzig, weil sie es wert ist, dass man ihr dient und Gott allein in ihr. Er liebt Maria, nicht weil sie ihm Gutes tut oder weil er dies von ihr erhofft, sondern weil sie der Liebe wert ist, so wert ist. Darum liebt er sie und dient ihr genauso treu in Widerwillen und Trockenheit wie in Tröstungen und fühlbarer Andacht: er liebt sie genauso auf Golgota wie auf der Hochzeit zu Kanaa.
(Ludwig Maria Grignion, Die vollkommene Hingabe an Jesus durch Maria, III)

Aus dem Leben der Heiligen

Der hl. Maximilian Kolbe

Am 7. Januar 1894 wurde in dem russisch besetzen Teil von Polen Raymund Kolbe geboren. Zusammen mit seinen Brüdern Franz und Josef wurde er ziemlich streng erzogen. Raymund war sehr lebhaft und immer zu Streichen aufgelegt. Er machte der Mutter viele Sorgen. Eines Tages seufzte sie: „Mein armes Kind, was soll nur aus dir werden?" Dieser Tadel löste in dem Zehnjährigen einen Wandel aus. Raymond „änderte sich mit einem Schlag", wie die Mutter später berichtete. Er gehorchte plötzlich aufs Wort, wurde ruhiger und vernünftiger. Oft verschwand er hinter dem Schrank, wo ein kleiner Hausaltar mit dem Bild der Gnadenmutter von Tschenstochau stand. Sehr beunruhigt von diesem Wandel fragte die Mutter: „Was ist los, mein Junge?“ Weinend und zitternd berichtete er: „Ich hatte großen Kummer. Und ich habe die heilige Jungfrau gefragt, was aus mir werden soll. Hierauf ist mir die heilige Jungfrau erschienen. Sie hatte zwei Kronen in den Händen, eine weiße und eine rote. Sie sah mich liebevoll an und fragte mich, welche ich wählen wolle. Die weiße bedeute, dass ich rein bleiben würde, die rote, dass ich als Märtyrer sterben würde. Hierauf antwortete ich der heiligen Jungfrau: ‚Ich wähle beide!' – Sie lächelte und verschwand …“ Als gute Psychologin kommentierte die Mutter: „Seine radikale Verwandlung bewies klar, dass das Kind die Wahrheit sprach!“

Nach einer Volksmission der Franziskaner bekamen Franz und Raymund einen Platz in dem Franziskaner-Knabenseminar zu Lemberg. Raymund war technisch sehr begabt. Er begeisterte sich für Mathematik und wurde, von seinen Kameraden bewundert, der „Schrecken“ der Lehrer, denen er, nicht aus Bosheit, sondern aus Neugier, verzwickte Fragen stellte. Sehr rasch zeigte er Anlagen zum Erfinder. Es machte ihm Spaß, interplanetarische Flüge zu berechnen, und den erstaunten Kameraden schilderte er, wie er eines Tages einen Apparat zum Flug auf den Mond konstruieren würde. Besonders das Militär und strategische Pläne fesselten ihn. Diese Vorliebe stürzte ihn im Alter von 16 Jahren vor einem Eintritt in den Orden in eine schwere Seelenkrise. Er träumte davon, den Soldatenberuf mit seinem Dienst als Ritter der Himmelskönigin verbinden zu können. Gerade war er

auf dem Weg zum Pater Provinzial, um sich zu verabschieden, als er ins Besuchszimmer der Schule gerufen wurde. Seine Mutter erwarte ihn und teilte ihm voll Freude eine große Neuigkeit mit: Auch der dritte Bruder Josef hatte sich für das Klosterleben entschieden. Daraufhin beschlossen auch die Eltern, ins Kloster zu gehen. Der Vater war gleich auf der Reise in Krakau bei den Franziskanern geblieben, sie kam nach Lemberg, um bei den Benediktinerinnen einzutreten. So würde die ganze Familie Gott geweiht sein.
Diese Nachricht war für Raymund ein Donnerschlag. Wie in einem Blitz erkannte er die Versuchung, die ihn vom Klosterleben abhalten wollte. Mit 17 Jahren, am 11. September 1911, legte Frater Maximilian Kolbe die zeitlichen Gelübde ab. Er wollte Franziskaner werden – auch deshalb, weil dieser Orden – u.a. dank der Verdienste des seligen Duns Scotus um die Lehre der Unbefleckten Empfängnis – ihm als der marianischste unter allen erschien. Ihr wollte er in vollkommener Weise gehören, denn ihr hatte er alles, auch seine Berufung, zu verdanken. Auffallend ist sein kindliches Vertrauen in Maria, dank dessen er sich nicht scheut, sie Mama zu nennen: „Sei in Ewigkeit gelobt, Königin und Herrin, meine liebe Mama, denn Du denkst an mich, obwohl ich doch so voller Hochmut und Eigenliebe bin. Am Jüngsten Tag sollen alle wissen, dass Du es warst, die mir alles geschenkt hat, was ich bin und besitze. Ich selbst bin ein Nichts. Sei in Ewigkeit gelobt, o Immaculata. Ich bin ganz und vollkommen Dein, mit Leib und Seele. Mein ganzes Leben, mein Tod und meine Ewigkeit gehören Dir. Mache mit mir, was immer Dir gefällt. Wenn Du willst, so hole mich jetzt in diesem Augenblick. Wenn

nicht, dann später. Mama, ich bin ganz Dein.“ Gerne gab er anderen den Rat: „Betrachte die Immaculata in allem als Deine Mama. Sorge Dich um nichts, nur um sie.“
Da die Vorgesetzten Maximilians Fähigkeiten erkannten, schickten sie ihn zum Studium nach Rom. Dort studierte er bis 1919. In dieser Zeit erkrankte er an Lungentuberkulose. Dies fiel erst auf, als er nach Ausbruch des 1. Weltkrieges anfing, Blut zu spucken. Obwohl Maximilian damit rechnete, bald zu sterben, war er erfüllt von Eifer und Kampfgeist. Zur Feier des 200. Geburtstages der Freimaurerei wurde 1917 Rom als Schauplatz sakrilegischer Verspottungen gewählt. Maximilian Kolbe war selbst Zeuge, wie die Freimaurer unter den Fenstern des Vatikans das Satansbanner entrollten, auf dem in böswilliger Verzerrung Luzifer den Erzengel Michael zu Boden warf. Darunter stand die Inschrift: „Satan muss im Vatikan regieren, der Papst wird sein Sklave sein.“ Am 16. Oktober ging Maximilian zum Gegenangriff über: Er gründete die „Militia Immaculatae“, die „Ritterschaft der Unbefleckten Empfängnis“. Die wichtigsten Programmpunkte der Militia Immaculatae, für die die Mitglieder arbeiten und kämpfen sollten, waren: die Selbstheiligung, die Bekehrung der Sünder, die Gewinnung der Irrgläubigen zur katholischen Kirche, der Kampf gegen die Machenschaften der Freimaurer und die Verbreitung der Wundertätigen Medaille – seine „Patronen“, wie Maximilian sie nannte, – das alles unter dem Schutz und mit der Hilfe der Unbefleckten Empfängnis! Die Weihe an Maria war der Mittelpunkt dieser Spiritualität. Maximilian lebte und erneuerte sie Tag für Tag, auch durch kleine Gesten, die seine Liebe zur Immaculata zeigen sollten. So legte er jeden Abend vor dem Schlafengehen seine Uhr und seine

Brille vor die kleine Madonnenfigur in seinem Zimmer, um deutlich zu machen, dass seine Zeit und all seine Fähigkeiten Maria gehören.
Am 28. April 1918 empfing P. Maximilian in Rom die Priesterweihe. Seine erste Hl. Messe feierte er am Marienaltar in der Kirche „Sant'Andrea delle Fratte", wo dem Juden Marie-Alphonse Ratisbonne die unbefleckt empfangene Gottesmutter erschienen war. Im Juli 1919 kam der junge Priester, immer noch schwer krank, wieder nach Polen. Die Ärzte gaben ihm noch drei Monate zum Leben. Trotzdem begann er als Professor in Krakau Vorlesungen zu halten – mit nur mehr einem Viertel seiner Lunge! Um die eingeschriebenen „Ritter" regelmäßig zu erreichen, gab P. Maximilian im Januar 1922 die kleine Zeitschrift „Rycerz Niepokalanej" („Ritter der unbefleckten Jungfrau") heraus. Für die weiteren Nummern war fast nie das Geld für den Druck vorhanden, aber die „Unbefleckte" selbst sorgte immer wieder wunderbar. Da sich die älteren Mitbrüder über den Krach beim Druck und Versand der laufenden Nummern beschwerten, wurde Pater Maximilian in das größere Kloster von Grodno versetzt.
Dort stieg die Auflage im Jahr 1925 auf 30.000 Exemplare. Gleichzeitig musste Maximilian Kolbe wegen Überanstrengungen und neuen Blutstürzen wieder für 18 Monate ins Sanatorium. Als er zurückkam, lief das Kloster in Grodno über, weil so viele neue Brüder eingetreten waren, um bei der Zeitschrift zu helfen. Die einzige Lösung des Raumproblems war eine Neugründung. Bei Warschau gab es einen Bauplatz, aber kein Geld. P. Maximilian stellte erst einmal eine Marienstatue auf und verhandelte dann über den Kaufpreis. Doch der Provinzial lehnte es ab, die

hohe Summe zu zahlen. Gehorsam berichtete der Pater dem Besitzer, dem Fürsten Drucki-Lubecki, dass der Orden den Baugrund nicht kaufen könne. „Was soll mit der Statue geschehen?“, fragte der Fürst. Als Pater Maximilian antwortete: „Die mag dort stehenbleiben“, besann sich der Fürst kurz. Dann sagte er: „Nun, so nehmen sie das Grundstück, ich schenke es ihnen.“ Dies war der Beginn der neuen „Stadt der Unbefleckten“ (Niepokalanów). Die Auflagenziffer der Zeitschrift „Ritter der Unbefleckten“ stieg von Jahr zu Jahr, bis sie 1939 vor dem Einmarsch der Wehrmacht eine Million erreichte. Zuletzt arbeiteten in diesem Kloster sechs Patres und mehr als 700 Brüder. In den Jahren 1930 bis 1936 gelang es P. Maximilian, seine Zeitschrift auch in Japan und Indien anzusiedeln. 1936 übernahm er wieder ganz die Leitung in Niepokalanów.

Maximilian Kolbe hat einen wichtigen theologischen Beitrag zur Mariologie geliefert, der auf den ersten Blick vielleicht schwierig erscheint. Maximilian fragt sich: „Wer bist Du, Maria?“, und als Antwort fallen ihm die Worte der Mutter Gottes in Lourdes ein: „Ich bin die Unbefleckte Empfängnis“. Maria stellt sich nicht als die „unbefleckt Empfangene“ vor, sondern benutzt ausdrücklich den ungewöhnlichen und sprachlich holprigen Ausdruck „Ich bin die Unbefleckte Empfängnis“. Was bedeutet das? Maximilian Kolbe erklärt dieses Wort mit Blick auf die Allerheiligste Dreifaltigkeit. Gott ist die Liebe. Der Vater liebt den Sohn, der Sohn liebt den Vater, und die Liebe zwischen den beiden ist der Heilige Geist. Er ist sozusagen die Liebe in Person. Der Vater zeugt in ewiger Hingabe den Sohn, und Vater und Sohn hauchen den Heiligen Geist. Diese innergöttlichen Hervorgänge unterscheiden die drei Personen und setzen sie in innigste Beziehung zueinander. Der Heilige Geist geht vom Vater und vom Sohn aus. Er ist also, so Maximilian Kolbe, die Ewige Unbefleckte Empfängnis, die „Frucht der Liebe“ zwischen Vater und Sohn. Der Heilige Geist, wahrer Gott wie der Vater und der Sohn, verdankt sich den beiden göttlichen Personen und bringt selbst keine andere hervor. In Maria aber wirkt der Heilige Geist das größte Wunder: die Menschwerdung Gottes. In Maria also zeigt er sich in besonderer Weise und offenbart – in und durch seine Braut – wer er ist. So spiegelt Maria, die die Fülle der Gnade von Gott empfangen hat, als Geschöpf wider, was die göttliche Person des Heiligen Geistes in Ewigkeit ist: Empfängnis. Freilich besteht ein unendlicher Abstand zwischen Gott und Geschöpf, und doch vereinen Liebe und Gnade die Jungfrau Maria in herausragender Weise mit dem Heiligen Geist. Sie ist unbefleckt – ohne Sünden, d.h. ohne Hindernisse für sein Wirken. Sie ist der geschaffene Spiegel, der keine Makel und Flecken hat, in dem sich das ungeschaffene Licht spiegelt. Sie ist die von Gott geschriebene Ikone des Heiligen Geistes, die den Unsichtbaren den Menschen zeigt. Sie ist der Mond, der in der Nacht der Sünde das Licht der Sonne auf die Erde wirft. Sie, die die Unbefleckte Empfängnis ist, gibt – wie Wasser, das von einem Aquäduct weitergeleitet wird – alles, was sie von Gott erhält, weiter und vermittelt, ohne jede Eigenliebe und Eitelkeit, seine Gnaden.

Am 17. Februar 1941 wurde Maximilian Kolbe von der Gestapo abgeholt und nach Auschwitz gebracht. Als er wegen seines Glaubens von einem SS-Mann zusammengeschlagen worden war, kam er ins Krankenrevier. Kaum etwas gestärkt landete er schließlich im Block 14. An ei-

nem Juliabend des Jahres 1941 gelang es einem Häftling, aus diesem Block zu fliehen, ohne gefasst zu werden. Dafür wurden zehn Gefangene zur Hinrichtung ausgewählt. Unter ihnen war Franz Gajowniczek, ein Familienvater. P. Kolbe trat aus der Reihe und sprach den Lagerkommandanten Fritsch an: „Ich bin ein katholischer Priester. Ich möchte an die Stelle dieses Mannes treten, denn er hat Frau und Kinder.“ Dieser Austausch wurde genehmigt. Die zehn Häftlinge wurden in den Hungerbunker gebracht. Hier tröstete und ermutigte P. Maximilian seine Leidensgefährten, sang Marienlieder und bereitete sie auf das Sterben vor. Am 14. August 1941, am Vortag des Festes der Aufnahme Mariens in den Himmel, betrat ein Krankenpfleger den Todesbunker, um mit einer tödlichen Spritze die letzten vier lebenden Häftlinge zu töten. Der letzte der zehn war P. Maximilian Kolbe.
Kurz vor seinem Tod erklärte Pater Maximilian seinen Mitbrüdern: „Mit Hilfe der Unbefleckten sind wir in der Lage, jede, aber auch jede heldenhafte Leistung zu vollbringen ... Wie sieht das Mittel unserer Vollkommenheit (=Heiligkeit) aus? Alles so vollbringen, wie sie es an unserer Stelle getan hätte, und vor allem Gott lieben, wie sie ihn liebt, mit ihrem eigenen Herzen ... Und das lernt man nur auf den Knien!“
Als sein Leib am 15. August 1941 verbrannt wurde, erfüllte sich sein Verlangen: „Ich möchte und wünsche es, für die Sache der Immaculata, für die Sache Gottes zu Staub zerrieben zu werden. Und möge der Wind diesen Staub in die Welt hinaustragen, damit nichts von mir übrigbleibe. Erst dann wird das Opfer an die Immaculata vollkommen erbracht sein.“

Gebet des hl. P. Maximilian Kolbe

Erlaube mir, dass ich Dich preise, heiligste Jungfrau.
Erlaube mir, dass ich Dich mit meinem eigenen Vermögen preise.
Erlaube mir, dass ich für Dich und allein für Dich lebe und arbeite, leide, für Dich mich selbst verzehre und sterbe.
Erlaube mir, zu Deiner größeren und vermehrten Erhebung beizutragen.
Erlaube mir, Dir eine solche Ehre darzubringen, wie sie Dir noch niemand dargebracht hat.
Erlaube mir, dass mich andere im Eifer um Deine Erhöhung übertreffen und, dass ich dann – wie in einem edlen Wettstreit – immer tiefer und rascher Deine Ehre ausbreite, immer mächtiger, so wie es der ersehnt, der Dich so unaussprechlich über alle anderen Wesen erhoben hat. Amen.

2. Novenentag

Maria –
Die demütige Jungfrau

Vorbereitungsgebet zum Heiligen Geist

Atme in mir, Du Heiliger Geist,
dass ich Heiliges denke.
Treibe mich, Du Heiliger Geist,
dass ich Heiliges tue.
Locke mich, Du Heiliger Geist,
dass ich Heiliges liebe.
Stärke mich, Du Heiliger Geist,
dass ich das Heilige hüte.
Hüte mich, Du Heiliger Geist,
dass ich es nimmermehr verliere. Amen.

Schriftlesung

Die Erwählung Mariens,
die Mutter Gottes zu werden

In jener Zeit wurde der Engel Gabriel von Gott in eine Stadt in Galiläa namens Nazareth zu einer Jungfrau gesandt. Sie war mit einem Mann namens Josef verlobt, der aus dem Haus David stammte. Der Name der Jungfrau war Maria.

Der Engel trat bei ihr ein und sagte: „Sei gegrüßt, du Gnadenvolle, der Herr ist mit dir.“ Sie erschrak über die Anrede und überlegte, was der Gruß zu bedeuten habe. Da sagte der Engel zu ihr: „Fürchte dich nicht, Maria, denn du hast bei Gott Gnade gefunden. Du wirst ein Kind empfangen, einen Sohn wirst du gebären: dem sollst du den Namen Jesus geben. Er wird groß sein und Sohn des Höchsten genannt werden. Gott, der Herr, wird ihm den Thron seines Vaters David geben. Er wird über das Haus Jakob in Ewigkeit herrschen, und seine Herrschaft wird kein Ende haben.“
Maria sagte zu dem Engel: „Wie soll das geschehen, da ich keinen Mann erkenne?“
Der Engel antwortete ihr: „Der Heilige Geist wird über dich kommen, und die Kraft des Höchsten wird dich überschatten.
Deshalb wird auch das Kind heilig und Sohn Gottes genannt werden. Auch Elisabeth, deine Verwandte, hat noch in ihrem Alter einen Sohn empfangen; obwohl sie als unfruchtbar galt, ist sie jetzt schon im sechsten Monat. Denn für Gott ist nichts unmöglich.“
Da sagte Maria: „Siehe, ich bin die Magd des Herrn, mir geschehe, wie du es gesagt hast.“ Danach verließ sie der Engel.
(Lk 1,26-38)

Gedanken zur Betrachtung

Seit der Vertreibung aus dem Paradies und der Ankündigung des kommenden Heilandes warteten die Menschen auf die Erlösung. Ganz Israel harrte sehnsüchtig auf den verheißenen Messias, den man als strahlenden Held erwartete, der die Feinde der Juden aus dem Land treiben sollte. Auch Maria wartete voll Sehnsucht auf den Retter Israels und betete sicherlich inständig um sein baldiges Kommen. Gott erhörte ihr Gebet, wie sie es wohl nie zu erwarten gewagt hätte. Schon in ihrer unbefleckten Empfängnis hatte er sie vorbereitet, dass sie dem Ewigen Wort eine würdige Wohnung wäre. Deshalb nennt sie der Engel „Gnadenvolle" – reinstes Gefäß voll der göttlichen Gnade! Nichts Sündiges, nichts, was Gott missfallen könnte, ist in ihr. Maria, die demütige Magd, erschrickt über diesen Gruß.

Durch Gabriel, seinen Boten, lässt Gott Maria bitten, die Mutter Jesu zu werden. Wir können uns vorstellen, wie der ganze Himmel in diesem Moment den Atem anhält! Das Heil der ganzen Welt hängt vom Ja-Wort dieses jungen Mädchens ab, denn so sehr achtet Gott die menschliche Würde und Freiheit, dass er Maria bitten lässt, seine Mutter zu werden.

Maria will Gott gehorchen, aber sie zögert noch, ihr Ja zu sagen, da sie, obwohl sie mit Josef verlobt ist, gelobt hatte, keusch und jungfräulich zu leben. Wäre es anders, so würde sie nicht fragen, wie die Empfängnis des Messias geschehen solle. Der Engel ermutigt Maria, denn Christus soll keinen menschlichen Vater haben, sondern der Heilige Geist wird seine Menschwerdung im Schoß der jungfräulichen Mutter bewirken. Mit der Hingabe ihres ganzen Herzens antwortet darauf Maria: Mir geschehe nach deinem Wort! – Und in eben diesem Augenblick wird das Ewige Wort, der unendliche Gott, Mensch in der Jungfrau Maria. Die Fleischwerdung Gottes, der um unseres Heiles willen nicht zurückschreckte, die Herrlichkeit des Himmels zu verlassen und als ein winziger, wehrloser

Mensch in den Schoß seiner heiligen Mutter hinabzusteigen, lässt jene Stunde von Nazareth zum Beginn unserer Erlösung werden. Für die Jungfrau Maria mag es die seligste Stunde ihres Lebens gewesen sein. – Gott wird ihr Kind, ihr Schöpfer ist ihr Sohn!
Wir dürfen über dieses große Geheimnis staunen und uns freuen. Bitten wir die Gottesmutter, dass wir Jesus in der heiligen Kommunion so würdig und liebevoll empfangen wie sie in jener gnadenreichen Stunde von Nazareth.

Gesätzchen vom Rosenkranz

… Jesus, den Du, o Jungfrau, vom Heiligen Geist empfangen hast …

Wir danken Gott, dass er Maria zu seiner Mutter erwählt hat und zu unserem Heil Mensch geworden ist.

Gebet zur Mutter Gottes – „Ave maris stella"

Meerstern, ich Dich grüße,
Mutter Gottes, süße,
allzeit Jungfrau, reine,
Himmelspfort alleine!

Ave klang die Kunde
aus des Engels Munde,
uns den Frieden spende,
Evas Namen wende.[1]

1 Wortspiel: AVE – EVA: EVA brachte den Tod; Maria, als sie das AVE des Engels hörte und Ja sagte, das Leben!

Lös das Band der Sünden,
spende Licht den Blinden,
allem Bösen wehre,
alles Gut begehre.

Dich als Mutter zeige,
dass durch Dich sich neige,
unserm Flehn auf Erden,
der Dein Sohn wollt werden.

Jungfrau auserkoren,
mild und rein geboren,
uns von Schuld befreie,
Keuschheit uns verleihe.

Gib ein reines Leben,
mach den Weg uns eben,
dass in Himmelshöhen
froh wir Jesus sehen.

Vater, ich Dich ehre,
Sohn, Dein Lob ich mehre,
beider Geist ich preise,
drei auf gleiche Weise. Amen.

Schlussgebet

Heiliger Gott, Dein ewiges Wort hat Fleisch angenommen aus dem Schoß der seligen Jungfrau Maria, wie ihr der Engel verkündigt hat. Darum verehren wir sie gläubig als Gottesmutter. Höre auf ihre Fürsprache und schenke allen Völkern das Heil in Jesus Christus, Deinem Sohn, unserem Herrn und Gott, der in der Einheit des Heiligen Geistes mit Dir lebt und herrscht in Ewigkeit. Amen.

Geistliche Lesestücke für die Tage der Novene zum 2. Novenentag

Aus dem Goldenen Buch

Maria, die Gnadenvermittlerin

Maria ist Tochter, Mutter und Braut Gottes. Gott liebt sie mehr als alle anderen Geschöpfe, weil auch sie ihn mehr liebt als alle anderen. Deshalb lässt Gott sie in hervorragender Weise teilhaben an seiner Herrlichkeit. Das Zweite Vatikanische Konzil spricht von der „Mutterschaft Marias in der Gnadenökonomie" (LG 62) und ermuntert uns, die Gottesmutter als „Mittlerin" (LG 62) anzurufen. Die allerseligste Jungfrau darf seine Gnaden austeilen; sie ist seine Schatzkammer, sein Kanal, durch den er seinen Segen auf die Menschen gießen will. Über diese Schönheit und Macht Mariens dürfen wir uns freuen und Gott für diese wunderbare Frau von Herzen danken. Bitten wir ihn, dass wir sie lieben, wie Er sie liebt!

Gott Vater hat alle Wasser gesammelt und sie Meer genannt; er hat alle Gnaden gesammelt und sie Maria genannt.

Der Große Gott besitzt einen übervollen Schrein, eine Schatzkammer, in der er alle Schönheit, allen Glanz, alles, was selten und kostbar ist, eingeschlossen hat, selbst seinen eigenen Sohn. Diese unermessliche Schatzkammer ist niemand anderes als Maria. Die Heiligen nennen sie denn

auch Gottes Schatzkammer, aus deren Fülle die Menschen ihre Reichtümer empfangen.
Gott Sohn hat seiner Mutter alles übergeben, was er durch sein Leben und Sterben erworben hat, seine unendlichen Verdienste und seine wunderbaren Tugenden. Das ganze Erbe, das sein Vater ihm verliehen hat, lässt er durch sie verwalten und verteilen; durch sie wendet er seine Verdienste seinen Gliedern zu, durch sie teilt er seine Tugenden mit und spendet seine Gnaden. Maria ist wie ein geheimnisvolles Strombett; sie ist die Leitung, durch die er sanft und reichlich die Wasser seines Erbarmens strömen lässt.
Gott Heiliger Geist hat seiner treuen Braut Maria seine unaussprechlich großen Gaben anvertraut; er hat sie zur Ausspenderin seines ganzen Besitzes erwählt; darum ist sie es, die alle seine Gaben und Gnaden verteilt, an wen sie will und wann sie will. Keine himmlische Gabe wird den Menschen verliehen, die nicht durch ihre jungfräulichen Hände ginge. Denn das ist der Wille Gottes, dass wir alles durch Maria empfangen; so will nämlich der Allerhöchste jene Magd auszeichnen, erhöhen und ehren, die sich während ihres ganzen Erdenlebens in tiefer Demut erniedrigt und bis in die Tiefen ihres Nichts verborgen hat. Das ist die Auffassung der Kirche und der heiligen Kirchenväter.
(Ludwig Maria Grignion, Die vollkommene Hingabe an Jesus durch Maria; I)

Aus dem Leben der Heiligen

Der hl. Ludwig Maria Grignion von Montfort

Am 31. Januar 1673 wurde der hl. Ludwig Maria Grignion in Montfort in der Bretagne geboren. Nach seiner Schulzeit bei den Jesuiten entschloss er sich, Priester zu werden. Er wollte ein heiliger Priester werden, der aus Liebe zu Christus arm lebt, und ihm viele Seelen retten. Ohne großen Besitz verließ er seine Heimat, um mit frohem und freien Herzen nach Paris zu gehen: „Es ist getan, ich ziehe durch die Welt, bin wie ein Vagabund." Geld und der gute Anzug sind bald an die nächstbesten Bettler verschenkt …

Während seines Studiums in Paris fand Ludwig viele Widerstände in den eigenen Reihen. Der Kirche in Frankreich, die durch eine Vielzahl jansenistischer Bischöfe beherrscht wurde, drohte die Glaubensspaltung. Die Jansenisten sprachen nicht von der barmherzigen Liebe Gottes, sondern glaubten, dass nur wenige gerettet werden würden, die Gott vorherbestimmt hat. Die Folge war, dass sich unter der Bevölkerung entweder übertriebene Bußstrenge, unter der Mehrheit aber religiöse Gleichgültigkeit breit machten, denn was hatte es denn für einen Sinn, sich um ein gutes Leben zu bemühen, wenn Gott so unerbittlich ist und bereits wenige vorherbestimmt hat? – Dagegen wusste der hl. Ludwig, dass Gott alle Menschen retten will und ihnen die nötigen Heilsmittel für den Weg in den Himmel geschenkt hat. Schon 1700, im Jahr seiner Priesterweihe, schrieb er: „Ich kann nicht anders, wenn ich die Nöte der Kirche sehe, als unaufhörlich eine kleine Gesellschaft von Priestern zu erflehen, welche unter der

Fahne und dem Schutz der seligsten Jungfrau von Pfarrei zu Pfarrei ziehen und den Armen auf Kosten der göttlichen Vorsehung (d.h. ohne Bezahlung) das Evangelium verkünden." Jahre später gründete er die „Gesellschaft Mariens", die eben dieses Ideal zu verwirklichen suchte.
Ludwig Maria wurde ein großer Volksmissionar, der predigend durch die Lande zog. Sein Erfolg unter der einfachen Bevölkerung wurde aber von den meisten Bischöfen keineswegs begrüßt. Immer wieder musste er vor den jansenistisch gesinnten Oberhirten fliehen, und von neuem sein Apostolat beginnen. In sieben Bistümern erhielt er ein vollständiges Arbeitsverbot! Nach sechs Jahren aufreibender Arbeit fragte er sich, ob er so tatsächlich Gottes Willen erfüllen könne, und beschloss, den Papst um Rat zu fragen: „Ich glaube dem Wort des Heiligen Vaters. Er ist mein Oberhaupt und mein Licht; ich sehe die Hand nicht vor Augen, er sieht klar." Die Antwort Clemens XI. war kurz und eindeutig: „Mein Herr, Sie haben in Frankreich ein Arbeitsfeld, das groß genug ist für Ihren Eifer. Sie gehen nirgendwo anders hin."
Mit neuer Kraft kehrte Ludwig Maria Grignion aus Rom zurück: Unermüdlich predigte er, dichtete religiöse Lieder, die die Frauen in den Kirchen und die Kinder bald schon auf den Straßen sangen, stellte Wegkreuze auf und vor allem – betete viel. Nächtelang flehte er vor Gott um die Bekehrung seines Landes.
Von seinen zahlreichen Schriften (seine Werke füllen über 1800 Seiten!) ist die erst 1842 wieder aufgefundene „Abhandlung über die vollkommene Andacht zu Maria" die bedeutendste. Sie gilt als eines der schönsten Werke über die Marienverehrung und wird deshalb auch „Das goldene Buch" genannt. Kern der grignionschen Marien-

verehrung ist die Erneuerung der Taufgelübde und die damit verbundene vollkommene Weihe an Jesus durch Maria. Darauf aufbauend ist das Lebensprogramm des hl. Ludwig Maria ganz einfach: „Durch Maria ist Christus in die Welt gekommen, durch Maria will er auch in der Welt herrschen!“ Die Marienweihe, die Grignion lehrt, ist nichts Neues. Sie ist uralt und in der Kirche tief verwurzelt, der „Königsweg“ der Christusnachfolge, den unzählige Heilige aller Jahrhunderte beschritten haben.

Für das 18. Jahrhundert war die Predigt des hl. Ludwig Maria ein wichtiger Impuls der Erneuerung und Umkehr. Bis heute aber hat die Bedeutung dieses Heiligen, dessen Schriften in 200 Sprachen übersetzt sind, nicht abgenommen.

Ludwig Maria wollte ein heiliger Priester sein, ein Mann Gottes, der in brennender Begeisterung das Evangelium verkündigt. In einem seiner Gebete fleht er um heilige Apostel, wie er selbst einer sein wollte: „Was erbitten wir denn von dir? Nichts für uns, alles für deine Ehre. Um heilige Priester bitten wir dich. Um Priester, die ohne weltliche Sorgen und Bindungen, ohne Herrschsucht und Eigenwillen nur den einen Wunsch haben, Helfer heranzubilden für das Gottesreich. Immer sollen sie für dich auf Posten stehen, immer bereit sein, dir zu gehorchen. Wahre Kinder Mariens sollen es sein, erfüllt von dem gleichen Geist, der deine heiligste Mutter beseelte. Deine Frohbotschaft auf den Lippen, Mariens Rosenkranz in den Händen sollen sie brennende Feuer sein, leuchtende Sterne, die das Dunkel der Welt erhellen. Ihre Liebe zu Maria sei ganz innig, dabei beständig; ganz innerlich, aber eine Quelle der Kraft zu großen Taten. – Und du, erhabener Gott, soll niemand deine Partei ergreifen? Sollen sich keine Streiter um dein Banner sammeln? Lass uns Rufer sein, Herr, die es überall verkünden: Zu den Waffen! Zum Kampf für das Gottesreich! O Herr, schaffe dir ein Apostelheer, eine königliche Leibgarde. Sie soll dein Haus bewachen, deine Ehre verteidigen und dir Seelen retten, auf dass nur mehr ein Hirt und eine Herde sei und alle Menschen in deinem Tempel dich lobpreisen. Amen."

Zeitlebens zeigte der hl. Ludwig Maria eine große Liebe zu den Armen und Kranken. Als er eines Abends einen Aussätzigen am Straßenrand fand, trug er ihn auf seinen Schultern nach Hause. Heftig klopfte er an die Tür und rief: „Macht auf für Christus!" Dann legte er den Kranken in sein eigenes Bett und sorgte für ihn, so gut er konnte. Ein andermal, als er bereits ein berühmter Prediger war, kam er unerkannt an ein Schwesternkloster und bat um eine Spende: „Ein Almosen aus Liebe zu Gott!" Er wurde abgewiesen. Am nächsten Tag versuchte es Grignion wieder und gab sich diesmal zu erkennen. Sofort nahmen ihn die Schwestern auf, entschuldigten sich 1000-mal und bewirteten ihn reichlich. Darauf aber wies sie der hl. Ludwig Maria scharf zurecht: „Jetzt bekomme ich alles im Überfluss, weil sie meinen Namen kennen. Dem Herrn Montfort geben sie eine reichliche Mahlzeit, aber den, der sie im Namen Jesu um ein Stück Brot bittet, schicken sie weg. Das ist nicht nur ein Mangel an Liebe, sondern auch an Glauben!"

Mit 43 Jahren starb der heilige Ludwig Maria bei einer Volksmission in Saint-Laurent-sur-Sèvre am 28. April 1716. Sein Wahlspruch war: Gott allein! Bei seinem Tod zählte die Gemeinschaft der Missionare zwei Priester und vier Laienbrüder, heute sind es etwa 2000 Mitglieder.

Gebet des hl. Ludwig Maria Grignion von Montfort

O wunderbare Mutter,
bring Du mich Deinem lieben Sohn dar
als sein ewig Eigen.
Durch Dich hat Jesus mich erkauft,
durch Dich möge er mich nun aufnehmen.
O Mutter der Barmherzigkeit, verleihe mir die Gnade,
von Gott die wahre Weisheit zu erlangen.
Nimm mich, ich bitte Dich, in die Zahl jener Seelen auf,
die Du liebst und lehrst, leitest, nährst und schützest
als Deine Kinder, die Dir ganz gehören.
O Du getreue Jungfrau, mache mich in allen Dingen
zu einem vollkommenen Jünger und Nachfolger
der menschgewordenen Weisheit,
Deines Sohnes Jesus Christus.
Gib mich ihm so ganz zu eigen,
dass ich durch Deine Fürbitte und nach Deinem Vorbild
zum Vollalter Christi auf Erden
und zur Fülle seiner Herrlichkeit im Himmel gelange.
Amen.

3. Novenentag

Maria –
Die immerwährende Hilfe

Vorbereitungsgebet zum Heiligen Geist

Atme in mir, Du Heiliger Geist,
dass ich Heiliges denke.
Treibe mich, Du Heiliger Geist,
dass ich Heiliges tue.
Locke mich, Du Heiliger Geist,
dass ich Heiliges liebe.
Stärke mich, Du Heiliger Geist,
dass ich das Heilige hüte.
Hüte mich, Du Heiliger Geist,
dass ich es nimmermehr verliere. Amen.

Schriftlesung

Die Hilfsbereitschaft der Jungfrau Maria

Nach einigen Tagen machte sich Maria auf den Weg und eilte in eine Stadt im Bergland Judäa. Sie ging in das Haus des Zacharias und begrüßte Elisabeth. Als Elisabeth den Gruß Marias hörte, hüpfte das Kind in ihrem Leib. Da wurde Elisabeth vom Heiligen Geist erfüllt und rief mit lauter Stimme: Gesegnet bist Du mehr als alle anderen Frauen, und gesegnet ist die Frucht Deines Leibes. Wer

bin ich, dass die Mutter meines Herrn zu mir kommt? In dem Augenblick, als ich deinen Gruß hörte, hüpfte das Kind vor Freude in meinem Leib. Selig ist die, die geglaubt hat, dass sich erfüllt, was der Herr ihr sagen ließ.
Da sprach Maria: Meine Seele preist die Größe des Herrn, und mein Geist jubelt über Gott, meinen Retter. Denn auf die Niedrigkeit seiner Magd hat er geschaut. Siehe, von nun an preisen mich selig alle Geschlechter.
(Lk 1,39-48)

Gedanken zur Betrachtung

Welche Freude muss es für Maria gewesen sein, die Mutter Gottes zu werden! Es drängt sie, zu Elisabeth zu eilen, die, wie ihr der Engel verkündet hat, ein Kind erwartet und deshalb ihrer Hilfe bedarf. Maria nimmt gerne den weiten Weg auf sich, um ihrer Verwandten zu helfen. So bereist Christus zum ersten Mal im Schoß seiner Mutter das Land seines Volkes. Daher nennen wir Maria die neue Bundeslade. Wie die Lade, die König David in den Jerusalemer Tempel bringen ließ, Thron Gottes war, so ist es Maria in einem viel vollkommeneren Sinne: Sie trägt den Gottmenschen, den Retter Israels in ihrem Schoß!
Bis heute ist und bleibt es Aufgabe der Muttergottes, Christusträgerin zu sein. Noch immer will sie zu jedem eilen, der ihrer Hilfe bedarf, um ihn ihrem Sohn zu bringen. Deshalb ist auf vielen Marienbildern die allerseligste Jungfrau mit dem Jesuskind dargestellt, das sie hoch emporhält. Sie ist wie ein Leuchter, der das wahre Licht trägt, das alle Menschen erleuchten will. Maria will nichts anderes, als Jesus zu den Menschen zu bringen. Wer deshalb Maria um ihre Hilfe anruft, sie ehrt und sich der

Muttergottes weiht, kann sicher sein, dass sie ihn näher zu Christus bringt. Maria und Jesus sind unzertrennlich! Wo die Mutter ist, ist immer auch der Sohn!
Weil die Muttergottes den weiten Weg über das Gebirge nicht gescheut hat, um ihrer Verwandten Elisabeth bei der Geburt des heiligen Johannes beizustehen, nennen wir Maria die immerwährende Hilfe. Ihr ganzes Wesen ist Hingabe und Dienstbereitschaft. Sie selbst nennt sich die „Magd des Herrn“. Von ihr können wir den Geist echter Nächstenliebe lernen: eilen, um dem Nächsten zu helfen; geben, ohne zu zählen; sich hingeben, ohne Lohn zu erwarten!
Elisabeth freut sich über den Besuch Mariens und die Hilfe, derer sie in den letzten Wochen vor der Geburt besonders bedarf. Mehr aber noch freut sie sich über den Besuch ihrer Verwandten, weil sie durch eine Offenbarung des Heiligen Geistes erkennt, dass Maria die Mutter des Messias ist. Daher ist sie die erste Marienverehrerin, die voller Freude ausruft: „Gesegnet bist du mehr als alle Frauen!“ Und bis heute verstummt ihr Ruf nicht, da wir ihn in jedem Ave Maria beten. Die Muttergottes wehrt sich nicht gegen diese Anrede, denn sie weiß, dass ihr Lob kein Ende haben wird; sie erkennt, dass der Gruß der hl. Elisabeth der Beginn der Marienverehrung ist, die von Generation zu Generation andauern wird: – „Siehe, von nun an werden mich seligpreisen alle Geschlechter!“ – Maria aber bleibt die demütige Magd. Sie nimmt den Gruß ihrer Verwandten an und wandelt ihn in ein herrliches Loblied auf Gott, der Großes an ihr getan hat. Immer, wenn wir Maria ehren, nimmt sie unser Gebet voll Freude an und wandelt es in ein Loblied auf ihren Sohn, den sie stets im Herzen trägt.

Gesätzchen vom Rosenkranz

… Jesus, den Du o Jungfrau, zu Elisabeth getragen hast …

Mit jedem Ave Maria wollen wir einstimmen in den Lobpreis der hl. Elisabeth und für die immerwährende Hilfe Mariens danken.

Gebet zur Mutter Gottes

Gedenke, o gütigste Jungfrau Maria, von Ewigkeit her ist es noch nie gehört worden, dass einer, der zu Dir seine Zuflucht genommen, Deine Hilfe angerufen, um Deine Fürsprache gebeten, von Dir sei verlassen worden.
Von diesem Vertrauen beseelt, eile ich zu Dir, Jungfrau der Jungfrauen. Mutter, zu Dir komme ich, vor Dir stehe ich seufzend als Sünder. Verschmähe nicht meine Worte, Du Mutter des Ewigen Wortes, sondern höre sie gnädig an und erhöre mich. Amen.

Schlussgebet

Gott, Du Erlöser der Menschen, durch die selige Jungfrau Maria, die Lade des neuen Bundes, hast Du Heil und Freude in das Haus der Elisabeth gebracht. Lass uns den Anregungen Deines Geistes folgen, damit auch wir unseren Brüdern Christus bringen und Dich durch unseren Lobpreis und ein heiliges Leben verherrlichen. Darum bitten wir durch ihn, Jesus Christus, Deinen Sohn, unseren Herrn und Gott, der in der Einheit des Heiligen Geistes mit Dir lebt und herrscht in alle Ewigkeit. Amen.

Geistliche Lesestücke für die Tage der Novene

zum 3. Novenentag

Aus dem Goldenen Buch

Ganzhingabe an Jesus durch Maria

Wenn wir uns „Christen“ nennen, so bringen wir damit schon zum Ausdruck, dass die große Aufgabe unseres Lebens darin besteht, Christus immer ähnlicher zu werden, damit wir es tatsächlich verdienen, seinen Namen zu tragen. Da Maria zweifellos Christus mehr ähnelt als alle Geschöpfe, können wir unter ihrer Führung am besten lernen, Jesus nachzufolgen. Alles, was wir ihr geben, wird sie ihrem Sohn ähnlich machen. Daher wären wir dumm, wenn wir unsere Marienweihe nicht zu einer Ganzhingabe werden lassen und etwas dieser guten Mutter nicht übergeben wollten. Alles soll ihr gehören, damit sie es – wie Mütter eben für ihre Kinder sorgen – pflegt, bewahrt, veredelt und vervollkommnet, um es dann Christus zu schenken.

Da unsere ganze Vollkommenheit darin besteht, Jesus Christus gleichförmig, mit ihm vereint und ihm geweiht zu sein, ist zweifellos die vollkommenste aller Frömmigkeitsformen jene, die uns dem Heiland am vollkommensten angleicht, vereint und weiht. Da nun Maria von allen Geschöpfen Christus am ähnlichsten ist, so macht unter allen Frömmigkeitsformen die Marienverehrung die Seele am meisten dem Heiland gleichförmig und weiht sie ihm.

Je mehr daher die Seele Maria geweiht ist, umso mehr gehört sie Jesus Christus.
Darum besteht die vollkommene Weihe an Jesus Christus in der Ganzhingabe an die Gottesmutter. Das ist nun die Frömmigkeitsform, die ich lehre; mit anderen Worten: sie ist nichts anderes als eine vollkommene Erneuerung der Taufgelübde. Diese Frömmigkeitsform besteht also darin, dass man sich der Mutter Gottes völlig hingibt, um durch sie ganz Christus anzugehören. Wir müssen ihr schenken:

1. unseren Leib mit all seinen Sinnen und Gliedern;
2. unsere Seele mit all ihren Fähigkeiten;
3. unsere gegenwärtigen und zukünftigen äußeren Güter;
4. unsere inneren und geistigen Güter, das heißt: unsere Verdienste, Tugenden und guten Werke.

Nicht einen Heller, nicht ein Haar, nicht das geringste gute Werk dürfen wir ausnehmen; und das alles für die ganze Ewigkeit. Dabei dürfen wir keinen anderen Lohn beanspruchen oder erhoffen, als die Ehre, durch Maria und in Maria Jesus Christus zu gehören.
Daraus folgt: Durch diese Hingabe schenken wir Jesus Christus durch die Hände Mariens, also auf die vollkommenste Art, alles, was wir ihm schenken können.
(Ludwig Maria Grignion, Die vollkommene Hingabe an Jesus durch Maria; IV)

Aus dem Leben der Heiligen

Die hl. Bernadette Soubirous

Am 22. September 1909 öffnete man das Grab der Bernadette Soubirous, dreißig Jahre nach ihrem Tod. Man fand den Leichnam ohne die geringste Spur der Verwesung, während das Leichentuch vermodert und das Sterbekreuz verrostet war. Unverwest, wie man die Tote damals fand, ruht sie heute in einem Sarg aus Gold und Kristall in der Klosterkapelle zu Nevers.

Eine ererbte Anlage zur Sinnestäuschung, eine lebhafte Phantasie oder ein stark entwickelter Geltungsdrang fehlten bei Bernadette. Ohne lesen oder schreiben zu können, lernte Bernadette mit 14 Jahren nur mühsam das „Gegrüßet seist Du, Maria", um wenigstens den Rosenkranz beten zu können. Mit ihren verarmten Eltern lebte sie in einer düsteren Zelle des ehemaligen Stadtgefängnisses von Lourdes. Die Wände schwitzten vor Feuchtigkeit, in den Ritzen saß der Schwamm, und kein Sonnenstrahl wärmte dieses Loch. In dieser Umgebung erkrankte Bernadette schwer an Asthma. Nächtelang drückte sie die Stirn an das Eisengitter des Fensters, um nicht zu ersticken. Trotz Krankheit, Armut, Kälte und Hunger verlor sie ihre natürliche Fröhlichkeit nicht. Herrliche Tage hatte sie nur, wenn sie bei einer gutmütigen Bauersfrau die Schafe hüten durfte und endlich einmal kräftig essen konnte. An den dunklen Winterabenden durfte Bernadette zu Hause den Rosenkranz vorbeten.

Gerne wäre Bernadette zur Erstkommunion gegangen. Aber auch mit 14 Jahren war sie noch zu dumm, sich die

Fragen und Antworten des Katechismus zu merken. Von Wundern und Visionen wusste sie noch weniger.
Da kam der 11. Februar des Jahres 1858. Bernadette war am Ufer des Gave auf der Suche nach Holz. Eben zog sie fröstelnd Holzschuhe und Strümpfe aus, um durch das Wasser zu waten. Da sah sie plötzlich über einem Wildrosenbusch in der gegenüberliegenden Grotte des Felsen Massabielle eine wunderschöne, jugendliche Dame in einem blaugefütterten, weißen Gewand. Ein Schleier lag auf ihrem Haupt, und am rechten Arm hing ein weißer Rosenkranz. Die Frau lud Bernadette lächelnd ein, näherzutreten. In den nächsten 14 Tagen sah Bernadette fast täglich dieselbe Erscheinung. Die Dame versprach ihr, sie nicht in diesem Leben, wohl aber im Jenseits glücklich zu machen. Dann forderte sie das Mädchen auf, für die Sünder zu beten und am Ort der Erscheinung durch den Pfarrer von Lourdes eine Kapelle erbauen zu lassen, wohin man in Prozessionen wallfahren sollte.
Gedrängt von ihren Eltern und Freundinnen musste sie wider Willen von ihrem Erlebnis berichten. Die Jüngeren verspotteten sie ohne Scheu als „Schafskopf", und die Mutter wollte ihr mit Schlägen die „Flausen" austreiben. Bernadette musste ihren Eltern die Erlaubnis förmlich abringen, ein zweites Mal zur Grotte gehen zu dürfen. Eltern und Nachbarn folgten, um den Spuk zu entlarven. Gemeinsam beteten sie den Rosenkranz, bis Bernadette plötzlich in Ekstase geriet. Sie sprach mit einer unsichtbaren Gestalt, näherte sich lächelnd den Felsen und spürte gar nicht die Flamme einer Kerze, die sich durch ihre Hand fraß. Der Arzt Dr. Dozous, ein ungläubiger Freigeist, der mitgekommen war, um sie als Lügnerin zu überführen, stellte einen normalen Puls und die Unver-

sehrtheit der Hand fest. In den nächsten Tagen kamen immer mehr Leute. Der Bürgermeister versuchte, ihr den Gang zur Grotte zu verbieten. Der Pfarrer von Lourdes machte ihr heftige Vorhaltungen und weigerte sich entschieden, dem Verlangen der Erscheinung Folge zu leisten, solange sie nicht einmal ihren Namen genannt hatte. Erst als Bernadette auf Befehl der Erscheinung in der Grotte eine Quelle aus dem Boden scharrte, das Wasser dieser Quelle Todkranke heilte und Maria am 25. März endlich ihren Namen verriet: „Ich bin die Unbefleckte Empfängnis", beugte sich der Pfarrer vor dem Wunder, das Gott in seinem Dorf gewirkt hatte. Fortan war er der mutigste Schützer des Kindes, das der Präfekt von Tarbes in ein Irrenhaus sperren wollte.
Bernadette blieb, was sie war: ein freundliches, bescheidenes Kind mit natürlichem Mutterwitz. Weiterhin lief sie zweimal täglich zum Kommunionunterricht. Zu manchen Ausartungen neugieriger Verehrung sagte sie nur: „So ein Blödsinn!" Seit Juli 1860 half sie im Krankenhospiz von Lourdes in Küche und Garten. So war sie etwas vor den Leuten geschützt, nicht aber vor den unzähligen Fragen der bischöflichen Untersuchungskommission, die vier Jahre lang beobachtete und prüfte, bevor sie erklärte: „In Gottes heiligem Namen! Wir glauben, dass die unbefleckte Gottesmutter Maria tatsächlich dem Mädchen Bernadette Soubirous erschienen ist."
Der Bischof von Nevers vermittelte ihr die Aufnahme in ein Kloster. Die Nonnen hatten ein hochbegnadetes Mädchen erwartet, entdeckten an ihr aber nur eine natürliche Herzenseinfalt. Sie ließen das Bauernmädchen die geringe Meinung spüren, die sie von ihm hatten. Auch die Oberen sparten nicht mit Demütigungen, in der Absicht,

die Seherin von Lourdes vor Hochmut zu bewahren. Wahrscheinlich wäre Bernadette bis zum ihrem Tod Novizin geblieben, wenn sie nicht in eine lebensgefährliche Krankheit gefallen wäre, in der man ihr die Gelübdeablegung nicht mehr verweigern konnte. Gott gab der Verachteten, die wegen ihrer Visionen 13 Jahre hindurch gedemütigt wurde, die Kraft, zu sprechen: „Sehen Sie, meine Geschichte ist ganz einfach: Die Jungfrau hat sich meiner bedient, dann hat man mich in die Ecke gestellt. Das ist nun mein Platz, dort bin ich glücklich und dort bleibe ich."

Anfang des Jahres 1879 ging es mit ihr sichtlich zu Ende. Außer ihrem Asthma quälten sie Rheuma, Bluthusten und Herzkrämpfe, während eine schleichende Knochentuberkulose sie hilflos ans Bett fesselte. Sie starb nach einem langen, schweren Todeskampf am 16. April 1879 mit dem letzten demütigen Gebet: „Heilige Maria, Mutter Gottes, bitte für mich arme Sünderin, arme Sünderin, arme Sünderin!"

Bernadette Soubirous wurde am 8. Dezember 1933 von Papst Pius XI. heiliggesprochen. Die Erscheinungen der Jungfrau Maria, die wir alljährlich am 11. Februar feiern, sind eine Bestätigung des Himmels für das 1854 verkündete Dogma ihrer unbefleckten Empfängnis; die unzähligen Heilungen in Lourdes, die bis heute immer wieder Gläubige und Mediziner in Staunen versetzen, sind Beweise für die Macht und Größe Mariens.

Gebet der hl. Bernadette

O Maria, meine gute Mutter,
gib, dass ich nach Deinem Beispiel
in allen Opfern, die unser Herr
im Laufe meines Lebens von mir fordern mag,
wahrhaft großmütig sei. Amen.

4. Novenentag

Maria –
Die Mutter Gottes

Vorbereitungsgebet zum Heiligen Geist

Atme in mir, Du Heiliger Geist,
dass ich Heiliges denke.
Treibe mich, Du Heiliger Geist,
dass ich Heiliges tue.
Locke mich, Du Heiliger Geist,
dass ich Heiliges liebe.
Stärke mich, Du Heiliger Geist,
dass ich das Heilige hüte.
Hüte mich, Du Heiliger Geist,
dass ich es nimmermehr verliere. Amen.

Schriftlesung

Die wunderbare Geburt Jesu aus der Jungfrau Maria

In jenen Tagen erließ Kaiser Augustus den Befehl, alle Bewohner des Reiches in Steuerlisten einzutragen. Da ging jeder in seine Stadt, um sich eintragen zu lassen. So zog auch Josef von der Stadt Nazareth in Galiläa hinauf nach Judäa in die Stadt Davids, die Betlehem heißt, denn

er war aus dem Hause und dem Geschlecht Davids. Er wollte sich eintragen lassen mit Maria, seiner Verlobten, die ein Kind erwartete. Als sie dort waren, kam für Maria die Zeit ihrer Niederkunft, und sie gebar ihren Sohn, den Erstgeborenen. Sie wickelte ihn in Windeln und legte ihn in eine Krippe, weil in der Herberge kein Platz für sie war.
(Lk 2,1.3-7)

Gedanken zur Betrachtung

Jahrhunderte alt ist die Weissagung des Propheten Micha, dass der Messias in Bethlehem geboren wird. Gott benutzt die staatliche Gewalt: Wegen der Volkszählung des Kaisers Augustus müssen Maria und Josef nach Betlehem wandern, um die prophetische Verheißung zu erfüllen. Die Geburt Jesu ist daher eines von vielen Beispielen, wie alles von Gottes Vorsehung gelenkt und geführt wird: selbst ein heidnischer Kaiser dient so der Erfüllung des göttlichen Willens!
Maria ist voll Vertrauen in die göttliche Vorsehung und tritt bereitwillig den beschwerlichen Weg nach Betlehem an. Sie erduldet die Abweisung an den überfüllten Herbergen und ist dankbar für die Unterkunft in einem armseligen Stall. Sicherlich litt die Muttergottes darunter, dass sie ihren Sohn in eine harte Krippe legen und kaum vor dem kalten Wind bewahren konnte. Trotzdem war sie in jener Stunde überglücklich: Ohne Schmerzen durfte sie der Welt den Heiland gebären, den Erlöser und Retter! Seine Geburt – die nicht unter dem Schatten der Erbschuld stand – hat die Mutter nicht geschwächt oder verletzt. So war sie auch die erste, die anbetend vor der

Krippe niedersank, in der ihr Gott als ein hilfloser Säugling der Mutter und allen, die nach ihr und bis heute im Gebet zu diesem Kindlein kamen, seine Hände entgegenstreckte.
Bald schon kommen die Hirten – die demütigen Vorbilder echter Christusliebe – zum Stall, um ebenfalls das göttliche Kind anzubeten. Sie finden kein in Samt und Seide gekleidetes Königskind, sondern ein unscheinbares, in Windeln gewickeltes Neugeborenes – so, wie es ihnen der Engel verkündigt hat. Dennoch glauben die demütigen Hirten und sinken staunend in die Knie. Maria hält ihnen das Jesuskind entgegen, damit sie es anschauen und liebkosen können. In jener Stunde erkennen die Hirten ihren Messias und seine heilige Mutter, die sich ihnen als Mittlerin aller Gnaden zeigt. Sie ist es ja, die ihnen das göttliche Kind reicht, die der ganzen Welt den Heiland geschenkt hat, die allen Menschen Jesus zeigen will, damit er von allen geliebt und angebetet wird. So, wie Christus durch Maria in die Welt kommen wollte, so will er auch heute durch Maria geliebt und geehrt werden. Gehen wir wie die Hirten gläubig und demütig zur Muttergottes, damit sie uns Jesus zeige. Betlehem heißt auf deutsch „Haus des Brotes“. Dort erscheint sichtbar das wahre Brot, das vom Himmel herabgekommen ist. Jesus, der in der Futterkrippe liegt, wird sich am Ende seines Lebens den Seinen als Speise und Trank schenken im Geheimnis der Eucharistie. Das kleine göttliche Kind in Windeln wird sich noch kleiner und demütiger machen, wenn es unter der Gestalt des Brotes auf unseren Altären liegt. Bitten wir Jesus, dass wir ihn in der unscheinbaren Gestalt der hl. Hostie erkennen und ihm wie Maria unser Herz zu seiner Krippe bereiten.

Gesätzchen vom Rosenkranz

… Jesus, den Du o Jungfrau in Betlehem geboren hast …

Mit den Hirten und dem hl. Josef wollen wir im Stall niederknien und staunen, wie demütig der große Gott ist, der in der Krippe liegt.

Gebet zur Mutter Gottes

Erhabne Mutter unsres Herrn,
o Himmelspfort, o Meeresstern!
Steh dem gefallnen Volke bei,
hilf, dass es sich erhebe frei!

Als Jungfrau rein Du Mutter warst,
den eignen Schöpfer Du gebarst.
Dies Wunder hat des Höchsten Macht
zum Staunen der Natur vollbracht.

Vom Engel, nach des Herren Rat,
vernahmst Du „Ave, voll der Gnad!“
O Mutter, voll der Güt und Huld,
hilf uns, die drückt der Sünde Schuld.
Amen.

Schlussgebet

Allmächtiger Gott, durch die Mutterschaft der seligen Jungfrau Maria hast Du der Menschheit das ewige Heil geschenkt. Komm uns zu Hilfe auf die Fürsprache Deiner demütigen Magd, die uns den Urheber des Lebens geboren hat, Jesus Christus, Deinen Sohn, unseren Herrn und Gott, der in der Einheit des Heiligen Geistes mit Dir lebt und herrscht in alle Ewigkeit. Amen.

Geistliche Lesestücke für die Tage der Novene

zum 4. Novenentag

Aus dem Goldenen Buch

Die Marienweihe als Erneuerung der Taufgelübde

Der heilige Ludwig Maria Grignion ist überzeugt, dass die Lauheit so vieler Christen daher kommt, dass sie ihre Taufgelübde nicht ernst nehmen. Die Weihe an Maria soll eine Erneuerung der Absage an den Teufel und die Sünde sein, eine bewusste Übereignung an Christus durch die Hände seiner Mutter. Daher verlangt die Marienweihe eine bewusste Entscheidung für den Glauben und eine radikale Lebensänderung. Alles, wirklich alles, soll von nun an Gott gehören. Vor dieser Hingabe brauchen wir keine Angst zu haben oder gar persönliche Nachteile befürchten, denn Jesus und Maria werden sich niemals an Großmut und Güte übertreffen lassen.

Ich habe bereits erwähnt, dass man diese Hingabe auch gut als vollkommene Erneuerung der Taufgelübde bezeichnen kann. Jeder Christ war vor seiner Taufe Eigentum des Teufels. In der Taufe hat er entweder durch seinen eigenen Mund oder durch den Mund des Paten dem Satan, seiner Pracht und seinen Werken feierlich widersagt und hat sich Jesus Christus zu seinem Herrn und höchsten Gebieter erkoren, um sich ihm aus Liebe ganz hinzugeben. Das Gleiche tun wir auch durch die Hingabe, von der die Rede ist. Wie es im Weihegebet heißt, widersagen wir dem Satan, der Welt, der Sünde und uns selbst und schenken uns durch die Hände Mariens ganz dem göttlichen Heiland.

Ja, wir tun sogar noch mehr, denn bei der Taufe spricht man ja meist durch den Mund des Paten, man schenkt sich Jesus Christus nur durch einen Stellvertreter. Diese Hingabe aber vollziehen wir selbst, aus freiem Willen und in klarer Erkenntnis.

Bei der heiligen Taufe schenkt man sich dem Heiland nicht durch die Hände Mariens, wenigstens nicht ausdrücklich. Man schenkt Christus nicht den Wert all seiner guten Werke; man bleibt auch nach der Taufe völlig frei, diese zuzuwenden, wem man will, oder sie für sich selbst zu behalten. Aber durch diese Hingabe schenken wir uns dem Heiland ausdrücklich durch die Hände Mariens und übergeben ihm den Wert all unserer guten Werke.

Mancher wird vielleicht folgendes einwenden: Wenn wir dem Heiland durch die Hände Mariens den Wert all unserer guten Werke, unserer Gebete, Abtötungen und Almosen schenken, dann nimmt uns diese Hingabe die Möglichkeit, den Seelen unserer Verwandten, Freunde und Wohltäter zu helfen.

Darauf entgegne ich zunächst: Ist es anzunehmen, dass unsere Freunde dadurch eine Einbuße erleiden, dass wir uns rückhaltlos dem Dienst des Heilands und seiner heiligsten Mutter hingegeben und geweiht haben? Das hieße doch wohl, der Macht und Güte Jesu und Mariens Unrecht tun.

Zweitens aber hindert uns diese Hingabe durchaus nicht, für andere zu beten, seien es Lebende oder Verstorbene.

Nur die Zuwendung unserer guten Werke untersteht dem Willen Mariens, und gerade darum werden wir mit noch größerem Vertrauen beten. So wird zum Beispiel ein reicher Mann, der sein ganzes Vermögen einem großen Fürsten geschenkt hat, den er ehren will, diesen Fürsten mit umso größerem Vertrauen bitten, einen Freund zu unterstützen, der ihn um Hilfe ersucht hat. Ja, damit würde er dem Fürsten sogar eine Freude machen, da er ihm Gelegenheit gibt, seine Dankbarkeit gegenüber einem Manne zu beweisen, der sich entäußert hat, um ihn zu bereichern. Das Gleiche müssen wir vom Heiland und von der Gottesmutter sagen: Sie werden sich niemals an Dankbarkeit übertreffen lassen.
(Ludwig Maria Grignion, Die vollkommene Hingabe an Jesus durch Maria; IV)

Aus dem Leben der Heiligen

Der hl. Johannes Don Bosco

„Giovanni ist verrückt worden! Als Priester kann man sich unmöglich so benehmen", so etwa lautete die einhellige Meinung der braven Bürger von Turin. Don Bosco benahm sich oft so, als sei er ein Clown, ein Zauberkünstler oder Akrobat. Man konnte ihn seiltanzen sehen, konnte erleben, wie er Geld verschwinden ließ und es jemandem wieder aus der Nase zog oder wie er Feuer schluckte, ganz so, als wäre er sein ganzes Leben im Zirkus gewesen. Hätte er nicht seine schwarze Soutane getragen, so wäre man sicher der Meinung gewesen, er sei ein fahrender Schausteller, der seine Kunststückchen

vorführe, um sich so seinen Lebensunterhalt zu verdienen. Doch sein Interesse galt keineswegs den Geldbeuteln seiner begeisterten jugendlichen Zuschauer, sondern vielmehr ihren Herzen, die er für Gott gewinnen wollte. „Da mihi animas, cetera tolle!" Dieser knapp formulierte lateinische Vers, der Don Boscos Lebensmotto werden sollte und deshalb auch in seinem Turiner Arbeitszimmer hing, drückt aus, warum sich Giovanni buchstäblich „auf den Kopf stellte", um die Kinder und Jugendlichen von der Straße zu begeistern: „Herr, gib mir Seelen, alles andere nimm!"
In der Nähe von Turin wurde Giovanni Bosco am 16. August 1815 geboren. Sein Vater war früh gestorben. Die Mutter versuchte, den armen Bauernhof allein zu bewirtschaften. Mit neun Jahren hatte Giovanni einen visionären „Traum", durch den ihn Gott für seine spätere Lebensaufgabe vorbereiten wollte.
Er sah einen Hof voll mit Jungen, die fröhlich spielten, zum Teil aber auch fluchten. Giovanni wollte sich auf die schlechten Jungen stürzen, um sie zum Schweigen zu bringen. Da erschien ein hoheitsvoller Herr. Ein weißer Mantel umhüllte seine ganze Gestalt. Sein Antlitz leuchtete so stark, dass er ihn nicht anzublicken vermochte. Der Herr befahl: „Stell Dich an die Spitze der Jungen! Aber nicht mit Schlägen, sondern mit Milde, Güte und Liebe musst Du Dir diese zu Freunden gewinnen. Fange deshalb sofort an, sie über die Hässlichkeit der Sünde und über den Wert der Tugend zu unterrichten." Giovanni war verwirrt und wusste nicht, was er tun sollte. Der Herr sagte deshalb: „Ich werde Dir eine Lehrmeisterin geben. Ohne sie ist alles Wissen Torheit." – „Wer sind Sie", fragte Giovanni den Herrn. „Ich bin der Sohn derer, die Du

dreimal am Tag grüßest.“ Da erschien eine Dame von majestätischem Aussehen. Ihr Mantel war mit hell leuchtenden Sternen besät. Sie fasste Giovanni bei der Hand und zeigte ihm die Jungen. Diese verwandelten sich vor seinen Augen in Ziegen, Hunde, Katzen, Bären und andere Tiere. Die Dame sagte: „Werde demütig, stark und tapfer. Was Du an diesen Tieren geschehen siehst, das sollst Du an meinen Kindern tun.“ Da verwandelten sich die wilden Tiere plötzlich in viele sanfte Lämmer.

Sein älterer Stiefbruder spottete, als er von dem „Traum“ erfuhr. Die Mutter aber meinte, Johannes würde vielleicht Priester werden. Sie hätte ihren Giovanni gerne studieren lassen, aber woher das Geld dafür nehmen? Johannes wusste einen Weg. Er verdiente sich das Geld. Keine Arbeit war ihm zu schmutzig oder zu schwer. Er flickte Strohhüte, strickte Strümpfe und half den Bauern auf dem Feld. Seine Jugend war hart, aber dennoch fröhlich und fromm. Immer war er von einem Schwarm Buben umgeben. Seine unbestrittene Autorität hatte ihre Gründe. Es imponierte allen, dass er mit den Händen ein Hufeisen bog, auf ein galoppierendes Pferd sprang, zauberte, seiltanzte und ein Allerweltskerl war, den jeder nachahmen wollte. Er aber wusste, warum er die Jungen mit allen Kunststücken seiner Kraft und Geschicklichkeit an sich fesselte. Überall wollte er als Apostel Christi wirken, Herzen für Gott erobern: „Herr, gib mir Seelen, alles andere nimm!“ Deshalb führte er die Kameraden nach seinen Vorstellungen regelmäßig in die Kirche und betete mit ihnen den Rosenkranz.

Im Gymnasium halfen ihm sein erstaunliches Gedächtnis und seine Arbeitsdisziplin über alle Zeitnöte hinweg, da er ja ständig nebenbei Geld verdienen musste. Wenn gar nichts mehr half, kam es auch vor, dass er den Stoff der Klassenarbeiten vorausträumte. Mit 20 Jahren konnte er endlich ins Priesterseminar. Ein Stipendium erlöste ihn hier von seinen Geldsorgen. Er studierte nach einem festen Tagesplan. Für Schlaf und Erholung war nur eine kurze Zeit bestimmt, während die meisten Stunden den Lehrbüchern galten. Doch endlich wurde er zum Priester geweiht.

In Turin entdeckte er als Kaplan bald, wie die Gassenjungen ganz sich selbst überlassen waren. Scharen von Kindern trieben sich ohne Zuhause auf der Straße herum. Don Bosco wusste, welche Gefahr für die jungen Menschen darin lag, ohne Halt und Erziehung aufzuwachsen. Deshalb begann er seine Kunststücke wieder vorzuführen, um das Vertrauen der Straßenjungen zu gewinnen. Zuerst trafen sie sich sonntags, dann begann Don Bosco Häuser für seine Schützlinge zu bauen. Seine Liebenswürdigkeit und sein herzliches Wohlwollen gegenüber jedem einzelnen halfen ihm, die Herzen der Jugendlichen im Sturm zu erobern. Bei Don Bosco hatten sie ein Zuhause gefunden, in dem sie geborgen und zugleich frei waren, in dem sie geliebt und gefördert wurden. Als einmal ein befreundeter Priester Don Bosco besuchte und zusah, wie wild und vergnügt er mit den Jugendlichen um die Wette tobte, fragte er etwas erstaunt, ob das nicht zu viel Wirbel für ihn sei. „Von mir aus sollen sie auf meinem Rücken Holz hacken, wenn sie nur nicht sündigen!"

Immer wieder gab es Schwierigkeiten mit den Behörden, Enttäuschungen mit den Jungen und Geldsorgen. Doch Don Bosco gab nicht auf. Ein Haus nach dem anderen entstand. Einige ältere Jungen begannen, ihm zu helfen. Daraus entstand der „Salesianerorden", der die Jugender-

ziehung Don Boscos fortsetzen sollte. Wenn ihn jemand wegen seiner ungeheuren Erfolge lobte, wehrte er ab: „Diese Leute wissen nicht, wer Don Bosco ist. Wer alles vollbringt, ist Maria, die Hilfe der Christen."
Sein Vertrauen in Maria war so groß, dass er seinen Jungen versprach, niemand von ihnen werde sich mit der Cholera infizieren, der in Turin bereits Hunderte von Menschen zum Opfer gefallen waren, wenn sie nur die Sünde meiden, um die Gnade Gottes zu bewahren, und eine Medaille der Muttergottes tragen. Auch als sich zahlreiche seiner Schüler als freiwillige Helfer bei der Pflege der Seuchenkranken in den städtischen Hospitälern meldeten, erkrankte keiner von ihnen.
Berühmt sind die Träume und Visionen des hl. Don Bosco, unter denen besonders jene aus dem Jahr 1862 über die Verehrung der Eucharistie und der Gottesmutter herausragt: „Stellt euch vor, wir befinden uns an der Küste des Meeres oder besser noch auf einer einsamen Klippe und sehen kein Land außer dem Boden unter unseren Füßen. Auf dem weiten Meer erkennen wir eine unzählbare Menge von Schiffen, die sich für eine Seeschlacht geordnet haben. Sie verfügen über eiserne Schiffsschnäbel und sind mit Kanonen, Gewehren, sonstigen Waffen jeglicher Art und Brandsätzen ausgerüstet. Sie nähern sich einem Schiff, das viel größer ist als das ihrige und versuchen, dieses mit ihren spitzigen Schnäbeln zu beschädigen, es anzuzünden und ihm jeden nur möglichen Schaden zuzufügen. Das große Schiff wird von vielen kleinen Booten begleitet, die von ihm Befehle empfangen und das majestätische Schiff gegen die feindliche Flotte verteidigen. Sie haben starken Gegenwind, und das aufgewühlte Meer scheint die Angreifer zu begünstigen. Mitten

im weiten Meer stehen in geringem Abstand voneinander zwei mächtige Säulen. Die eine wird von einer Statue der Immaculata gekrönt, zu deren Füßen steht: „Auxilium Christianorum“ (Hilfe der Christen), auf der zweiten, viel höheren und mächtigeren Säule sehen wir eine übergroße Hostie, darunter auf einem Schild die Worte: „Salus Credentium“ (Heil der Gläubigen). Der Papst als Kommandant des großen Schiffes erkennt die Wut der Feinde und damit die Gefahr, in der sich seine Getreuen befinden. Er ruft deshalb die Steuermänner der Begleitboote zur Beratung auf sein Schiff. Der Sturm wird immer heftiger; die Kommandanten müssen auf ihre Boote zurückkehren. Nach Beruhigung der See ruft der Papst die Kommandeure ein zweites Mal zu sich. Plötzlich bricht der Sturm von Neuem los. Der Papst steht am Steuer und versucht mit aller Kraft sein Schiff zwischen die beiden Säulen zu lenken, an denen viele Anker und große Haken angebracht sind. Die feindlichen Schiffe beginnen nun mit dem Angriff und wollen das päpstliche Schiff versenken. Immer wieder versuchen sie, Brandmaterial an Bord des großen Schiffes zu schleudern, und feuern mit ihren Bordgeschützen aus allen Rohren. Trotz des leidenschaftlichen Kampfes der feindlichen Schiffe und des Einsatzes aller Waffen scheitert jedoch der Angriff, und das päpstliche Schiff durchpflügt, obwohl auf beiden Seiten bereits schwer angeschlagen, frei und sicher das Meer, denn kaum getroffen, schließt ein sanfter Wind, der von den beiden Säulen ausgeht, sofort jedes Leck. Auf den Schiffen der Angreifer platzen jetzt die Kanonenrohre, die Schiffsschnäbel zerbrechen, viele Schiffe bersten auseinander und versinken im Meer. Plötzlich wird jedoch der Papst von einer feindlichen Kugel getroffen. Seine Helfer stützen ihn und richten ihn wieder auf, wenig später trifft ihn erneut ein feindliches Geschoss, und er sinkt tot zu Boden. Bei der feindlichen Flotte erhebt sich ein Freuden- und Siegesgeschrei. Die auf dem päpstlichen Schiff versammelten Kommandeure wählen in solcher Eile einen neuen Papst, dass die Nachricht vom Tod des Steuermanns zugleich mit der Nachricht von der Wahl des Nachfolgers bei den Feinden ankommt. Jetzt verlieren diese plötzlich allen Mut, das päpstliche Schiff aber überwindet alle Hindernisse und fährt sicher zwischen die beiden Säulen, wo es vor Anker geht. Die Feinde flüchten, rammen sich gegenseitig und gehen zugrunde. Die kleinen Begleitboote des päpstlichen Schiffes rudern mit voller Kraft ebenfalls zu den beiden Säulen und machen dort fest. Auf dem Meer tritt eine große Stille ein." An dieser Stelle fragte Don Bosco seinen späteren Nachfolger als Generaloberer, Don Michael Rua: „Was hältst Du von dieser Erzählung?" Don Rua antwortete: „Mir scheint, das Schiff des Papstes ist die Kirche, deren Oberhaupt er ist. Die andern Schiffe sind die Menschen, das Meer ist die Welt. Jene, die das große Schiff verteidigen, sind die treuen Anhänger des Papstes, die anderen seine Feinde, die mit allen Mitteln die Kirche zu vernichten suchen. Die beiden Säulen bedeuten, wie mir scheint, die Verehrung Mariens und der hl. Eucharistie." Don Bosco sagte: „Du hast gut gesprochen. Nur ein Ausdruck muss richtig gestellt werden: Die feindlichen Schiffe bedeuten die Verfolgungen der Kirche. Sie bereiten schwerste Qualen für die Kirche vor. Das, was bisher war, ist beinahe nichts im Vergleich zu dem, was noch kommen wird. Die Schiffe symbolisieren die Feinde der Kirche, die das Hauptschiff zu versenken versuchen, wenn es ihnen

gelänge. Nur zwei Mittel verbleiben uns zur Rettung in dieser Verwirrung: Die Verehrung der Gottesmutter und die häufige hl. Kommunion." Jesus und Maria, das sind die beiden Säulen im tosenden Meer, die – wenn wir uns etwa mit der starken Kette des Rosenkranzes an sie binden – vor dem Schiffbruch bewahren werden.
Am Tag vor seinem Tod grüßte er noch Maria mit den Worten: „Mutter, morgen, morgen!" Am 31. Januar 1888, als man in der von ihm erbauten Mariahilf-Kirche den Engel des Herrn betete, ging der große Marienverehrer und Jugendapostel zu seiner himmlischen Lehrmeisterin und Mutter.

Gebet des hl. Domenico Savio, Schüler des hl. Don Bosco

Maria, Dir gebe ich mein Herz.
Lass es immer Dein eigen sein!
Jesus und Maria, möget ihr immer meine Freunde sein.
Lasset mich lieber sterben, als dass ich das Unglück habe, eine Sünde zu begehen. Amen.

5. Novenentag

Maria –
Die mächtige Fürsprecherin

Vorbereitungsgebet zum Heiligen Geist

Atme in mir, Du Heiliger Geist,
dass ich Heiliges denke.
Treibe mich, Du Heiliger Geist,
dass ich Heiliges tue.
Locke mich, Du Heiliger Geist,
dass ich Heiliges liebe.
Stärke mich, Du Heiliger Geist,
dass ich das Heilige hüte.
Hüte mich, Du Heiliger Geist,
dass ich es nimmermehr verliere. Amen.

Schriftlesung

Die allesvermögende Fürbitte der Gottesmutter

Am dritten Tag fand in Kanaa in Galiläa eine Hochzeit statt, und die Mutter Jesu war dabei. Auch Jesus und seine Jünger waren zur Hochzeit eingeladen. Als der Wein ausging, sagte die Mutter Jesu zu ihm: „Sie haben keinen Wein mehr." Jesus erwiderte ihr: „Was willst du von mir,

Frau? Meine Stunde ist noch nicht gekommen." Seine Mutter sagte zu den Dienern: „Was er euch sagt, das tut!" Jesus sagte zu den Dienern: „Füllt die Krüge mit Wasser!" Und sie füllten sie bis zum Rand. Er sagte zu ihnen: „Schöpft jetzt, und bringt es dem, der für das Festmahl verantwortlich ist". Sie brachten es ihm. Er kostete das Wasser, das zu Wein geworden war [...] So tat Jesus sein erstes Zeichen in Kanaa in Galiläa, und offenbarte seine Herrlichkeit, und seine Jünger glaubten an ihn.
(Joh 2,1-9,11)

Gedanken zur Betrachtung

30 Jahre lang lebte Jesus verborgen in Nazareth, 30 Jahre lang war er Maria und Josef gehorsam und führte das bescheidene Leben eines Zimmermanns. Nur drei Jahre sollte sein öffentliches Wirken, die Zeit seiner Predigten und großen Wunder, dauern. Hätte er nicht schon eher sein Elternhaus verlassen müssen, um so Gott mehr zu verherrlichen, um mehr Wunder zu wirken und mehr Menschen zu bekehren? Offensichtlich nein, denn Jesus wusste ja, was er tat. Durch seine Demut und seinen stillen Gehorsam wollte er uns ein Beispiel geben. So hat er Gott sicherlich mehr verherrlicht als durch ein aufsehenerregendes Leben in der Öffentlichkeit.
Auch sein erstes Wunder, die Verwandlung von Wasser in Wein, tut Jesus im Gehorsam seiner Mutter gegenüber. Wenn er sie „Frau" nennt, so will er sie nicht abweisen, sondern, wie wir an der Verwendung dieses Titels auf Golgota sehen werden, ehren und besonders herausstellen. Zwar ist seine Stunde noch nicht gekommen, aber Jesus will sich der Bitte Mariens nicht entziehen, ja es

scheint, dass er um ihretwillen die von Ewigkeit her festgesetzte Zeit abkürzen und auf ihre Fürsprache seine Herrlichkeit offenbaren will. Um Mariens willen beginnt er eher die Zeit seines öffentlichen Wirkens und lässt jene Stunde auf Golgota, an die er vorausblickend mit der Anrede „Frau" erinnert, näher rücken: die Stunde unserer Erlösung! Mariens Bitten bewegen Himmel und Erde, sie treffen das Herz Gottes, das sie immer erhört! Sie ist in der Tat die bittende Allmacht, da Gott ihr keine Bitten abschlagen kann; so sehr liebt und ehrt er sie! Gerne unterwirft sich Gott den Bitten Mariens, denn nie bittet sie für sich selbst oder gar um etwas, das Gott missfallen könnte. Sie will ja nichts anderes als Gott will. Deshalb ruft sie nicht nur den Dienern, sondern auch uns und jedem Christen zu: „Was er euch sagt, das tut!" Daher ist es Gott eine Freude, ihre Bitten zu erfüllen; ja, indem er auf Mariens Fürsprache hört, vollbringt er auf umso wunderbarere Weise, nämlich durch die liebevolle und demütige Mitwirkung seines edelsten Geschöpfes, die Erfüllung seines heiligen Wirkens!

Wenn wir also Maria bitten, weil wir keinen Wein mehr haben, d.h. es uns an Kraft zum Guten oder an wahrer Liebe und Freude fehlt, dann brauchen wir nur unser schales Wasser ihr zu übergeben, und sie wird ihren Sohn bitten, es in köstlichen Wein zu verwandeln. Ja, noch ehe wir unsere Bitten aussprechen, wird sie für uns eintreten, denn sie kennt unsere Nöte und will uns aus jeder Verlegenheit befreien, so wie sie es auf der Hochzeit von Kanaa getan hat, noch ehe die Brautleute sie um Hilfe bitten konnten. Was für eine gute Mutter haben wir in Maria! Mit grenzenlosem Vertrauen dürfen wir zu ihr kommen; mit grenzenloser Liebe müssen wir ihr danken, denn alles

Gute, das uns Gott schenkt, schenkt er uns immer durch ihre Hände! So will er jene demütige Magd ehren, die immer seinen Willen erfüllt hat.

Gesätzchen vom Rosenkranz

… Jesus, den Du, o Jungfrau, im Tempel wiedergefunden hast …

Wir denken daran, wie Jesus, nachdem ihn seine Eltern im Tempel wiedergefunden hatten, Maria untertan war, um uns ein Beispiel zu geben, und wie er gerne alle ihre Bitten erfüllt.

Gebet zur Mutter Gottes

Jungfrau, Mutter Gottes mein!
Lass mich ganz Dein eigen sein.
Dein im Leben, Dein im Tod,
Dein in Unglück, Angst und Not,
Dein in Kreuz und bittrem Leid,
Dein für Zeit und Ewigkeit.
Jungfrau, Mutter Gottes mein,
lass mich ganz Dein eigen sein.

Mutter, auf Dich hoff und baue ich!
Mutter, zu Dir ruf und seufze ich!
Mutter, Du Gütigste, steh mir bei!
Mutter, Du Mächtigste, Schutz mir verleih!

O Mutter, so komm hilf beten mir!
O Mutter, so komm, hilf streiten mir!

O Mutter, so komm, hilf leiden mir!
O Mutter, so komm und bleib bei mir!

Du kannst mir ja helfen, o Mächtigste!
Du willst mir ja helfen, o Gütigste!
Du musst mir nun helfen, o Treueste!
Du wirst mir auch helfen, Barmherzigste!

O Mutter der Gnade, der Christen Hort!
Du Zuflucht der Sünder, des Heiles Port!
Du Hoffnung der Erde, des Himmels Zier!
Du Trost der Betrübten, ihr Schutzpanier!

Wer hat je umsonst Deine Hilf angefleht?
Wann hast Du vergessen ein kindlich Gebet?
Ich ruf voll Vertrauen in Kreuz und in Leid:
„Maria hilft immer, sie hilft jederzeit!"

Ich ruf voll Vertrauen in Leiden und Tod:
„Maria hilft immer, in jeglicher Not!"
So glaub ich und lebe und sterbe darauf:
„Maria hilft mir in den Himmel hinauf."

Jungfrau, Mutter Gottes mein!
Lass mich ganz Dein eigen sein …

Schlussgebet

Herr, heiliger Vater, in Deinem wunderbaren Ratschluss hast Du die selige Jungfrau Maria hineingenommen in das geheimnisvolle Werk unseres Heiles. Gib, dass wir auf die Worte der Mutter Christi hören und das tun, was uns

Dein Sohn im Evangelium zu tun gelehrt hat. Er, der in der Einheit des Heiligen Geistes mit Dir lebt und herrscht in alle Ewigkeit. Amen.

Geistliche Lesestücke für die Tage der Novene

zum 5. Novenentag

Aus dem Goldenen Buch

Das Beispiel Jesu für die Marienweihe

Wenn wir die Menschwerdung Gottes betrachten, so müssten wir immer wieder aufs Neue ins Staunen kommen: Gott, der in der Herrlichkeit des Himmels wohnt, wird aus Liebe zu uns Mensch, ja ein kleines, hilfloses Kind. Christus hätte ja auch als strahlender Held, vielleicht begleitet von Engeln, auf die Welt kommen können – stark, mächtig, unabhängig! Nein, er wollte uns ein Beispiel der Demut und Liebe geben und, obwohl er der Schöpfer seiner Mutter ist, Maria untertan sein (vgl. Lk 2,50). Er wählte und gab uns Maria, als den besten, schönsten, sichersten und kürzesten Weg zu unserem Heil. Wie Jesus wollen wir diesen Weg beschreiten, um sicher und schnell zu ihm zu gelangen!

Unser Herr und Meister hat sich nicht gescheut, sich aus Liebe wie ein willenloser Gefangener im Schoß der heiligsten Jungfrau einschließen zu lassen und dann dreißig Jahre lang ihr untertan und gehorsam zu sein. Ich wiederhole: Bei tieferer Betrachtung der Wege, die die menschgewordene Weisheit gewählt hat, versagt die Fassungskraft des menschlichen Geistes. Der Heiland wollte, obwohl es in seiner Macht gelegen hätte, sich nicht unmittelbar uns schenken, sondern durch Maria. Nicht im reifen Mannesalter und ohne Mitwirkung anderer Menschen wollte er zur Welt kommen, sondern als schwaches, kleines Kind, angewiesen auf die Pflege und Sorge seiner heiligsten Mutter. Ein unermessliches Verlangen beseelte ihn, der die unendliche Weisheit ist, Gott Vater zu verherrlichen und die Menschen zu retten. Um dies zu tun, fand er keinen vollkommeneren und kürzeren Weg, als sich in allem seiner Mutter zu unterwerfen, nicht nur während der ersten acht, zehn oder fünfzehn Jahre seines Lebens wie die anderen Kinder, sondern dreißig Jahre lang. Und während dieser Zeit seiner Unterordnung und Abhängigkeit von Maria hat er Gott Vater mehr verherrlicht, als wenn er diese dreißig Jahre hindurch Wunder gewirkt, auf der ganzen Erde gepredigt und alle Menschen bekehrt hätte. Wäre es anders, er hätte letzteres getan! Auf welch erhabene Weise wird doch Gott verherrlicht, wenn wir uns nach dem Beispiel des Herrn Maria unterwerfen! Angesichts eines so offenkundigen und aller Welt bekannten Beispiels wäre es Torheit zu glauben, dass wir einen vollkommeneren und kürzeren Weg zur Verherrlichung Gottes finden könnten als jenen der Unterwerfung unter die Gottesmutter nach dem Vorbild Jesu.

(Ludwig Maria Grignion, Die vollkommene Hingabe an Jesus durch Maria V)

Aus dem Leben der Heiligen

Der hl. Aloisius von Gonzaga

Selten ist ein Heiliger von der frommen Kunst so verzerrt worden wie Aloisius von Gonzaga. Als weltfremden Jüngling auf bunten Wölkchen schwebend, als kindliches Bübchen mit verklärten Gesichtszügen, lieblichem Lächeln und himmelwärts gerichteten Augen hat man ihn gemalt – als einen Märchenbuchheiligen, der nichts zu ahnen scheint von den Versuchungen dieser Welt, von den Leiden, Schwierigkeiten und Problemen, die den Alltag der meisten prägen. In Wahrheit jedoch war Aloisius ein ganz anderer Mensch, der schon sehr früh den Sinn des Lebens erkannte und daher wusste, dass materieller Reichtum, berufliche Karriere und sinnlicher Genuss – all das hätte ihm seine adlige Abstammung geboten – nicht glücklich machen können. Umso entschiedener hat er daher den Schritt weg vom elterlichen Erbgut, das ihm ein Leben ohne größere Sorgen und Schwierigkeiten garantiert hätte, in die Ordensgemeinschaft der Jesuiten gewagt, die auf Gassen und Plätzen, in Schulen und Krankenhäusern das Evangelium verkünden wollte. Aloisius schwebte nicht auf zarten Wölkchen, sondern wollte auf die Straßen gehen, um sich dort der Schwerstkranken anzunehmen. Der angeblich so zarte und schwächliche Jüngling, der weltfremde Heilige, der auf nicht wenigen Andachtsbildchen mit schneeweißem Chorrock und zarter Lilie dargestellt wird, war ein junger Mann, der den heroischen Mut besaß, die Pestkranken auf seinen Schultern ins Hospital zu tragen, um dort nicht nur ihre schmutzigen Leiber zu waschen und zu verbinden, sondern sich auch ihrer Seelen anzunehmen. Aloisius kannte das Leben – seine Höhen und Tiefen, seine Versuchungen und Gefahren. Mit der ganzen leidenschaftlichen Kraft eines Heiligen hat er sich gegen die Sünde gestemmt und das Abenteuer des Glaubens gewagt.

Aloisius war der Sohn eines mächtigen Fürsten. Reichtum und Glück der Erde lagen ihm zu Füßen. Doch voll Ekel wandte er sich von dem eitlen Treiben an den Fürstenhöfen ab, angewidert von dem blinden Taumel nach Macht und sinnlichem Genuss. Als Ferdinand Gonzaga seine Söhne Aloisius und Rudolf nach Florenz brachte, um sie den üppigen Medici zur höfischen Schulung anzuvertrauen, kam Aloisius aus dem stillen Castiglione plötzlich mitten ins bunte Leben des Hofes, wo sich Wettrennen, Feste, Tänze und Volksbelustigungen in tollem Wirbel jagten. Aus der ländlichen Ruhe und der sorgenfreien Idylle der Familie geriet er ins Zentrum der politischen Macht und erlebte das egoistische Streben nach Karriere und persönlichem Prestige, das schon die Pagen erfasste, die am Hof erzogen und ausgebildet wurden.

Der achtjährige Junge stand unvermittelt vor der Entscheidung, entweder mitzutun oder von Anfang an seine Teilnahme zu verweigern. Trotz seiner Jugend hatte Aloisius den Mut, jetzt ein festes Nein zu sprechen, ohne sich in die Einsamkeit zu verkriechen und zum verbitterten Einzelgänger zu werden. Mit Spannung und Neugier beobachtete er die Neuigkeiten der Großstadt und richtete doch gleichzeitig schon damals in seinem Herzen einen stillen Winkel ein, der allein Jesus und Maria gehören sollte. Tobte er auch mit den Kindern seines Alters um die Wette, wohnte er voller Aufregung den Spektakeln des fürstlichen Hofes bei und bewegte er sich auch im

lautesten Trubel – immer wusste er Jesus und Maria in seiner Nähe.
Vor einem Bild der Madonna weihte er sich der Mutter Gottes und bat Maria dabei besonders um eine Gnade: ihn in allen Versuchungen gegen die Reinheit zu beschützen. Aloisius hörte ja Tag für Tag die anzüglichen Witze seiner Altersgenossen, wurde Zeuge all der Liebeleien und Romanzen des Hofes und spürte nur zu deutlich jenes schwüle sinnliche Klima, das jede echte Freude und Unbefangenheit zu ersticken droht. Der erste große Schritt zur Heiligkeit war die Erkenntnis, zu der Aloisius schon als Kind fand: Glücklich macht nur das, was Gottes Gebot nicht widerspricht. Deshalb wollte er sein Herz nicht fangen lassen vom faszinierenden Reiz des Sinnlichen, von den Missdeutungen menschlicher Liebe und Leidenschaft, von stumpfsinnigen Ablenkungen und unlauteren Avancen.
Das höfische Treiben konnte Aloisius nicht glücklich machen, und er erkannte, wie eitel, oberflächlich und flüchtig die Vergnügungen des Adels waren. Es erschreckte ihn, zu welchen Kompromissen, Intrigen und gemeinen Plänen Menschen bereit waren, nur um einen kurzen materiellen Vorteil erhaschen oder eine Sprosse auf der Karriereleiter nach oben steigen zu können. „Was nützt mir das für die Ewigkeit?“, fragte Aloisius immer wieder. Aloisius wollte glücklich werden – vielleicht viel, viel mehr als seine Kameraden und Freunde, die sich mit dem Schein des Hofes um eine tiefe und echte Freude betrogen. Aloisius wollte mehr – „magis“ wie der hl. Ignatius von Loyola sagt – als das Leben der Adligen ihm bieten konnte.

Von Florenz gingen die beiden Brüder an den Hof des Herzogs von Mantua. Schon in Florenz hatte den jungen Erbprinzen ein Magenleiden gequält. In Mantua kam ein Gallenleiden hinzu, das er kurzentschlossen mit eisernen Hungerkuren bekämpfte. Seine Mutter war entsetzt, als sie bei der Rückkehr entdeckte, wie blass und mager er geworden war. Da er aber Proben von großer körperlicher Kraft gab, beruhigte sie sich, verfolgte jedoch aufmerksam und erstaunt die innere Wandlung, die in jenen Reifejahren mit ihm vorging. Durch den Katechismus des heiligen Petrus Canisius hatte Aloisius gelernt, was Betrachten heißt. Er hatte erfahren, welche innere Freude das Gebet schenken kann, dass es tatsächlich – wie die hl. Theresa von Avila sagt – das Verweilen bei einem Freund ist. War das nicht viel mehr als der Herzog von Mantua ihm bieten konnte? Immer wieder wollte Aloisius sich stundenlang in einen Winkel des Palastes zurückziehen, um über eine religiöse Wahrheit nachzudenken und die Nähe zu Jesus und Maria zu suchen.
Seine Neigung wurde bestärkt durch den heiligen Carl Borromäus, der ihm die erste heilige Kommunion reichte. Von diesem Tag an kreisten seine Gedanken fast ständig um dieses Wunder und Geheimnis, so dass die üblichen Vergnügungen ihm, verglichen mit dem hohen Gut der Eucharistie, schal und nichtig erschienen. Was ist der größte Goldschatz eines Grafen im Vergleich zu Gott selbst, der im Tabernakel auf uns wartet, weil er uns liebt? Damals schon wurde ihm klar, dass er niemals das Leben eines Fürsten führen könnte, aber die Ungewissheit über den künftigen Weg lastete schwer auf ihm. Er marterte sich mit vielen Bußübungen, er rang im Gebet um Erkenntnis, er überwarf sich sogar mit seinem Vater durch

seine hartnäckige Weigerung, zum Theater und zu den Hoffesten zu erscheinen.
Der Markgraf setzte auf Aloisius als den ältesten Sohn seine ganze Hoffnung. Aloisius schien der geborene Staatsmann zu sein: intelligent und selbstsicher im Auftreten. Während die Familie Gonzaga sich in den nächsten Jahren in Madrid in der Gnade des spanischen Königs sonnte und Aloisius dort ins Pagenkorps aufgenommen wurde, versuchte der Markgraf ihm die vermeintlichen Spinnereien auszutreiben. Er erreichte das Gegenteil. Auch der Glanz des stolzesten Hofes vermochte den Jungen nicht von seinen ernsthaften philosophisch-mathematischen Studien abzubringen. Sein Seelenführer war der Rektor des Jesuitenkollegs in Madrid. In der Jesuitenkirche kniete Aloisius am liebsten, und hier wurde ihm auch am Fest Maria Himmelfahrt des Jahres 1583 die Eingebung zuteil, sich der Gesellschaft Jesu anzuschließen. Kaum aber hatte er zu Hause diese Absicht laut werden lassen, als der Vater ihm mit Auspeitschen drohte. Es folgten zwei Jahre, in denen Ferdinand Gonzaga alles versuchte, um Aloisius umzustimmen. Umsonst! Der Junge hielt an seiner Berufung fest, ja sein leidenschaftlicher Eifer im Gebet und im Wunsch, seine Christusliebe auch in äußeren Bußübungen sichtbar werden zu lassen, schienen fast am Widerstand des Vaters zu wachsen. Eines Tages sah der Markgraf, wie sein Sohn sich geißelte und dabei den Bußpsalm Miserere betete: „Siehe, in Sünden hat mich mein Vater gezeugt, in Sünden hat mich meine Mutter empfangen!“ Der Markgraf war erschüttert, so dass er ihm endlich die ersehnte Erlaubnis gab. Die Abdankungsurkunden zugunsten des jüngeren Bruders Rudolf wurden unterschrieben und vom König bestätigt. Im Okto-

ber 1585 reiste Aloisius in das römische Noviziat der Jesuiten.
Der Fürstensohn war zum armen Ordensmann geworden. Noch im Noviziat begann er die theologischen Studien, fast ständig gepeinigt von Kopfweh und Schlaflosigkeit. Nur aus Pflichttreue und Gewissenhaftigkeit setzte er das Studium fort. Eifrig strebte er nach einer immer innigeren Vereinigung mit Gott, die er im betrachtenden Gebet und im gläubigen Empfang der Sakramente suchte. Das Pestjahr 1591 kam heran. Sofort bat er um die Erlaubnis, sich den Opfern der Pest widmen zu dürfen. Nach langem Zögern wurde sie ihm gewährt. Trotz seines natürlichen Widerwillens nahm er sich auch der abstoßenden Fälle an, bis ihn selbst am 3. März 1591 die Ansteckung aufs Bett warf. Seine zähe Natur kämpfte drei Monate lang gegen das schleichende Gift in den Adern. Er wusste genau den Tag und die Stunde seines Todes voraus. Am 21. Juni wurde er, nur 23 Jahre alt, vor den Richterstuhl Christi gerufen. Jetzt durfte er die Antwort auf die Frage erwarten, die er sich zu seinem Wahlspruch erwählt hatte: „Welchen Wert hat dies für die Ewigkeit?"
Aloisius starb als junger Mann mit einer leidenschaftlichen Liebe zu Christus, dessen Freundschaft er täglich aufs Neue zu gewinnen suchte: in stiller Betrachtung und innigem Gebet vor dem Tabernakel, in kindlicher Verehrung seiner heiligen Mutter, in der selbstlosen Pflege der Kranken und Sterbenden. Alles, was Aloisius in seinem kurzen Leben vollbracht hat, hat er mit Entschiedenheit und jugendlicher Begeisterung getan. Deshalb hat ihn die Kirche zum Patron der Jugend erhoben, zum himmlischen Freund, der helfen will, in den ermüdenden Faszi-

nationen dieser Welt den geraden und steilen Weg zu wählen, der allein zum wahren Glück führt.

Gebet zur Mutter Gottes

Lass mich für alles, alles herzlich danken,
mit inniger Liebe, Mutter, Dich umranken.
Was wären wir geworden ohne Dich,
die Du für uns besorgt bist mütterlich.

Dass Du aus großer Not uns hast errettet,
in treuer Lieb uns an Dich gekettet:
Ich danke Dir, will ewig dankbar sein
und mich in Liebe ungeteilt Dir weihn.
Amen.

6. Novenentag

Maria –
Die Mutter der Schmerzen

Vorbereitungsgebet zum Heiligen Geist

Atme in mir, Du Heiliger Geist,
dass ich Heiliges denke.
Treibe mich, Du Heiliger Geist,
dass ich Heiliges tue.
Locke mich, Du Heiliger Geist,
dass ich Heiliges liebe.
Stärke mich, Du Heiliger Geist,
dass ich das Heilige hüte.
Hüte mich, Du Heiliger Geist,
dass ich es nimmermehr verliere. Amen.

Schriftlesung

Das Mitleiden der Mutter Christi

Die Soldaten führten ihn in das Prätorium hinein, das heißt in den Palast, und riefen die ganze Kohorte zusammen. Dann legten sie ihm einen Purpurmantel um und flochten einen Dornenkranz; den setzten sie ihm auf und grüßten ihn: „Heil dir, König der Juden!" Sie schlugen ihn mit einem Stock auf den Kopf und spuckten ihn an, knieten vor ihm nieder und huldigten ihm. Nachdem

sie so ihren Spott mit ihm getrieben hatten, nahmen sie ihm den Purpurmantel ab und zogen ihm seine eigenen Kleider wieder an.
Dann führten sie Jesus hinaus, um ihn zu kreuzigen. Einen Mann, der gerade vom Feld kam, Simon von Zyrene, Vater des Alexander und des Rufus, zwangen sie, sein Kreuz zu tragen. Und sie brachten Jesus an einen Ort namens Golgota, das heißt übersetzt Schädelhöhe.
(Mk 15,16-22)

Gedanken zur Betrachtung

Während des öffentlichen Lebens Jesu bleibt Maria fast völlig im Hintergrund. Als jedoch die Zeit seines Leidens kommt, lässt sie es sich nicht nehmen, an seiner Seite zu sein. Die Mutter Jesu erlebt mitten unter den aufgehetzten Volksmassen die Verurteilung ihres unschuldigen Sohnes, sie sieht ihren blutüberströmten und mit Dornen gekrönten Sohn vor dem Prätorium, und sie hört die boshaften Schreie: „Kreuzige ihn!" Welche Schmerzen muss sie erleiden, wie tief trifft auch ihr Herz der Hass des Volkes! Aber Maria empört sich nicht; sie weiß, dass Jesus der vom Propheten Jesaja vorhergesagte Gottesknecht ist, der stellvertretend für die Vielen leiden und sterben will. Sie bleibt stark auch in diesen Stunden des Leidens. Was für eine mutige Frau, was für eine wunderbare Mutter!
Auf dem Kreuzweg begegnen sich Mutter und Sohn. Welch ein Schmerz für Jesus, seine heilige Mutter so leiden zu sehen! Welch ein Trost für ihn, dass er diese Gefährtin an seiner Seite weiß; die Einzige, die, da sie ohne Sünde ist, wirklich keine Schuld an seinem Leiden hat.

Die Blicke der beiden begegnen sich – voller Schmerz und Mitleid! Und obwohl der Heiland noch Worte für die weinenden Frauen findet, schweigt er Maria gegenüber. Er weiß, dass sie stark genug ist, den ganzen Weg mit ihm zu gehen. Dankbar nimmt er Mariens Nähe an, die ihm mehr hilft, das Kreuz nach Golgota zu tragen, als Simon es konnte, und ihm mehr Trost schenkt als Veronika durch ihren letzten Liebesdienst.
Obwohl Maria weiß, dass unsere Sünden ihrem Sohn das schwere Kreuz aufgeladen haben, ist sie voller Liebe zu uns und will uns helfen, wenn uns Leid und Not bedrücken. Sie ist auch in unserem Leben die gute Mutter am Wegesrand, die alles leichter macht. Und so liebt sie uns umso mehr, wenn wir leiden, da wir dann ihrem Sohn ähnlich werden. Mit der gleichen Zärtlichkeit und Fürsorge wie damals in Jerusalem wird sie uns beistehen, wenn wir unser Kreuz nach Golgota hinauftragen müssen. Um ihrer Liebe willen wollen wir uns mühen, unser tägliches Kreuz Jesus nachzutragen. Und wenn es uns zu schwer zu werden droht, so blicken wir auf unsere wunderbare Mutter. Wie eine gute Mama am Bett ihres kranken Kindes wird sie uns in den schweren Stunden des Lebens zuflüstern: „Keine Angst, ich bin ja da!“

Gesätzchen vom Rosenkranz

… Jesus, der für uns das schwere Kreuz getragen hat …

Bitten wir Jesus und Maria um Verzeihung, dass wir sein Kreuz durch unsre Sünden so schwer gemacht haben.

Gebet zur Mutter Gottes
Die Lauretanische Litanei

Herr, erbarme Dich unser.	Kyrie eleison.
Christus erbarme Dich unser.	Christe eleison.
Herr, erbarme Dich unser.	Kyrie eleison.
Christus, höre uns.	Christe audi nos.
Christus, erhöre uns.	*Christe exaudi nos.*
Gott Vater vom Himmel,	Pater de cælis, Deus,
erbarme Dich unser.	*misérere nobis*
Gott Sohn Erlöser der Welt,	Fili Redémptor mundi, Deus,
erbarme Dich unser.	*miserére nobis.*
Gott Heiliger Geist,	Spiritus Sancte, Deus,
erbarme Dich unser.	*miserére nobis.*
Heilige Dreifaltigkeit, ein einiger Gott,	Sancta Trinitas, unus Deus,
erbarme Dich unser.	*miserére nobis.*
Heilige Maria,	Sancta Maria,
bitte für uns.	*ora pro nobis.*
Heilige Gottesgebärerin	Sancta Dei Génetrix
Hl. Jungfrau der Jungfrauen	Sancta Virgo virginum
Mutter Christi	Mater Christi
Mutter der Kirche	Mater Ecclesiæ
Mutter der göttlichen Gnade	Mater divinæ grátiæ
Du reinste Mutter	Mater purissima
Du keuscheste Mutter	Mater castissima
Du unversehrte Mutter	Mater invioláta
Du unbefleckte Mutter	Mater intemeráta
Du liebenswürdige Mutter	Mater amábilis
Du wunderbare Mutter	Mater admirábilis

Du Mutter des guten Rates	Mater boni consilii
Du Mutter des Schöpfers	Mater Creatóris
Du Mutter des Erlösers	Mater Salvatóris
Du weiseste Jungfrau	Virgo prudentissima
Du ehrwürdige Jungfrau	Virgo veneránda
Du lobwürdige Jungfrau	Virgo prædicánda
Du mächtige Jungfrau	Virgo potens
Du gütige Jungfrau	Virgo clemens
Du getreue Jungfrau	Virgo fidélis
Du Spiegel der Gerechtigkeit	Speculum justitiæ
Du Thron der Weisheit	Sedes sapiéntiæ
Du Ursache unserer Freude	Causa nostræ lætitiæ
Du Kelch des Geistes	Vas spirituále
Du ehrwürdiger Kelch	Vas honorábile
Du erlesener Kelch der Hingabe	Vas insigne devotiónis
Du geheimnisvolle Rose	Rosa mystica
Du starker Turm Davids	Turris Davidica
Du elfenbeinerner Turm	Turris ebúrnea
Du goldenes Haus	Domus áurea
Du Bundeslade	Fœderis arca
Du Pforte des Himmels	Iánua cæli
Du Morgenstern	Stella matutina
Du Heil der Kranken	Salus infirmórum
Du Zuflucht der Sünder	Refúgium peccatórum
Du Trösterin der Betrübten	Consolátrix afflictórum
Du Hilfe der Christen	Auxilium Christianórum
Du Königin der Engel	Regina Angelorum
Du Königin der Patriarchen	Regina Patriarchárum
Du Königin der Propheten	Regina Prophetárum
Du Königin der Apostel	Regina Apostolórum
Du Königin der Märtyrer	Regina Mártyrum

Du Königin der Bekenner	Regina Confessórum
Du Königin der Jungfrauen	Regina Virginum
Du Königin aller Heiligen	Regina Sanctórum ómnium
Du Königin ohne Erbsünde empfangen	Regina, sine labe originále concépta
Du Königin, aufgenommen in den Himmel	Regina, in cælum assúmpta
Du Königin des heiligen Rosenkranzes	Regina sacratissimi Rosárii
Du Königin der Familien	Regina familiarum
Du Königin des Friedens	Regina pacis
Lamm Gottes , Du nimmst hinweg die Sünden der Welt:	Agnus Dei, qui tollis peccata mundi,
verschone uns, o Herr.	*parce nobis, Dómine.*
Lamm Gottes, Du nimmst hinweg die Sünden der Welt:	Agnus Dei, qui tollis peccata mundi,
erhöre uns, o Herr.	*éxaudi nos, Dómine.*
Lamm Gottes, Du nimmst hinweg die Sünden der Welt:	Agnus Dei, qui tollis peccata mundi,
erbarme Dich unser.	*miserére nobis.*
Bitte für uns, o heilige Gottesgebärerin,	Ora pro nobis sancta Dei Génetrix,
auf dass wir würdig werden der Verheißungen Christi.	*ut digni efficiámur promissiónibus Christi.*

Schlussgebet

Herr, unser Gott, nach Deinem Willen begleitete Maria als mitleidende Mutter Deinen Sohn auf dem Weg des Kreuzes. Hilf auch uns, seinen Fußspuren zu folgen, und bewahre uns auf dem Weg, der allein zum Heile führt. Darum bitten wir durch Jesus Christus, Deinen Sohn, unseren Herrn und Gott, der in der Einheit des Heiligen Geistes mit Dir lebt und herrscht in alle Ewigkeit. Amen.

Geistliche Lesestücke für die Tage der Novene zum 6. Novenentag

Aus dem Goldenen Buch

Die Jungfrau Maria macht unsere guten Werke ihrem Sohn wohlgefällig

Jesus Christus, der menschgewordene Sohn Gottes, ist und bleibt in Ewigkeit der Sohn Mariens. Wir nennen ihn Herr und Gott, Maria aber darf zu ihm sagen: Mein Sohn! – Wie kann er, der auf Erden stets das 4. Gebot genauestens erfüllte, seiner Mutter eine Bitte abschlagen? Was wir daher Maria geben, wird Jesus in Liebe annehmen. Wenn wir uns ganz der Muttergottes weihen, wird Gott uns gnädig in seine Arme schließen.

Da wir bei dieser Hingabe dem Heiland durch die Hände seiner heiligsten Mutter alle guten Werke schenken, reinigt und veredelt diese gute Herrin sie und macht sie ihrem Sohne wohlgefällig.

1. Maria reinigt sie vom Staub der Eigenliebe.

Sobald unsere guten Werke in ihren reinen und segenspendenden Händen sind, entfernen diese von der dargebrachten Gabe alles, was daran verdorben oder unvollkommen ist. Denn Mariens Hände waren niemals befleckt oder müßig; sie läutern alles, was sie berühren.

2. Maria veredelt die guten Werke, indem sie sie mit ihren eigenen Verdiensten und Tugenden schmückt.

Es ist etwa so, wie wenn ein Bauer, der die Freundschaft und das Wohlwollen eines Königs gewinnen will, zur Königin ginge und ihr einen Apfel brächte, der all sein Gut darstellt, damit sie ihn dem König übergebe. Die Königin nimmt das armselige, kleine Geschenk des Bauern an, legt diesen Apfel auf einen großen, schönen Goldteller und bringt ihn so im Namen des Bauern dem König. Der Apfel, der an und für sich kein geeignetes Geschenk für einen König wäre, wird durch den goldenen Teller, auf dem er liegt, und durch die Person der Überbringerin zu einer würdigen Gabe für Seine Majestät.

3. Maria trägt diese guten Werke zu Jesus Christus hin.

Sie behält nichts von dem, was man ihr schenkt, für sich; treu gibt sie alles dem Heiland weiter. Was man ihr schenkt, gibt man notwendigerweise dem Heiland; wenn man sie preist und verherrlicht, so preist und verherrlicht sie sofort ihren Sohn. So wie sie einst sang, als die heilige Elisabeth sie pries, so singt sie auch jetzt, sobald man sie preist und benedeit: „Meine Seele preist die Größe des Herrn!“

4. Aus ihrer Hand nimmt Jesus diese guten Werke gern an.

Wenn man Jesus, gestützt auf eigenes Bemühen und Wirken, etwas schenkt, dann prüft Jesus die Gabe; oft verwirft er sie wegen des Makels der Eigenliebe, der ihr an-

haftet. So hat er einst die Opfer der [damaligen] Juden verworfen, weil sie voll waren von ihrem Eigenwillen. Wenn man ihm aber etwas durch die reinen Hände seiner innig geliebten Mutter schenkt, dann nimmt man ihn gleichsam – wenn ich den Ausdruck gebrauchen darf – bei seiner schwachen Seite. Er schaut nicht so sehr auf die Gabe, die man ihm schenkt, sondern auf seine gute Mutter, die diese Gabe darbringt; er schaut nicht, woher diese Gabe kommt, sondern, wer sie ihm reicht. Maria wird von ihrem Sohne niemals zurückgewiesen, sondern immer freundlich empfangen.
Der heilige Bernhard gab allen, die er zur Vollkommenheit führen wollte, den Rat: „Wenn ihr Gott etwas opfern wollt, dann tut es nur durch Mariens Hände, sonst könnt ihr eine Zurückweisung erfahren."
(Ludwig Maria Grignion, Die vollkommene Hingabe an Jesus durch Maria V)

Aus dem Leben der Heiligen

Die hl. Therese vom Kinde Jesu

Nicht selten wird die hl. Therese von Lisieux, geboren am 2. Januar 1873 in Alençon, im Unterschied zu der „großen" spanischen Reformerin des Karmelitenordens gleichen Namens „die Kleine" genannt. Sicherlich kann ihr kurzes, nur 24 Jahre währendes Leben, das sie in der Verborgenheit des Elternhauses und dann im Karmel zu Lisieux zugebracht hat, äußerlich nicht mit dem der Theresa von Avila verglichen werden, die unermüdlich tätig war, um neue Klostergründungen durchzuführen und geistliche Schriften zu verfassen. Und doch gehören beide Theresen neben der hl. Katharina von Siena und der hl. Hildegard von Bingen zu den vier Frauen, die den Ehrentitel einer Kirchenlehrerin erhalten haben. In ihrer Sehnsucht, Gott zu lieben, und in ihrem leidenschaftlichen Eifer, ganz für Christus und seine Kirche zu leben, steht die Heilige aus Lisieux ihrer geistlichen Mutter aus Avila sicherlich in nichts nach. So schreibt sie in ihrer weltweit verbreiteten Biographie „Geschichte einer Seele" über den seit ihrer Kindheit in ihr brennenden Wunsch, heilig zu werden: „Ich verstand, dass es zahlreiche Grade der Heiligkeit gibt. Es wurde mir klar, dass es auch der schlichtesten Seele freisteht, dem Entgegenkommen des Heilandes zu entsprechen und wenig oder viel für seine Liebe zu tun. Wie in meinen Kindheitstagen rief ich daher aus: Mein Gott, ich wähle alles! Ich will keine halbe Heilige werden. Ich habe keine Angst, aus Liebe zu Dir zu leiden. Nur dies eine fürchte ich: meinen eigenen Willen zu bewahren. Nimm Du ihn hin: ich wähle alles, was Du willst!"

Therese von Lisieux ist eine große Heilige geworden, nicht in auffallenden Leistungen und großartigen Werken, sondern in der stillen, täglichen Pflichterfüllung aus Liebe, die sie später als den „Kleinen Weg" der Heiligkeit beschreiben wird. Diesen Weg ist sie konsequent mit Maria gegangen, nach dem Beispiel und an der Hand derer, die jeden zu Jesus führt, der sich ihr ganz anvertraut. Ein entscheidendes Erlebnis für die Marienliebe Thereses war ihre wunderbare Heilung als zehnjähriges Mädchen, bei der selbst die Ärzte der Zehnjährigen kaum mehr helfen konnten. Die ganze Familie hatte eine Novene zur allerseligsten Jungfrau begonnen, als eines Tages Therese sah, wie sich die Marienfigur in ihrem Zimmer zu bewegen schien: „Plötzlich belebte sich die Statue! Die liebe Gottesmutter wurde ganz schön, so schön, dass ich niemals einen Ausdruck zu finden vermag, um diese göttliche Schönheit zu beschreiben. Ihr Antlitz strahlte eine unaussprechliche Milde, Güte und Zärtlichkeit aus. Was mich aber bis ins Innerste meiner Seele rührte, war ihr entzückendes Lächeln." Von diesem Augenblick an war Therese geheilt, ihre Krankheit verschwand, aber eingeprägt in ihre Seele blieb das zärtliche Lächeln der Madonna, das sie zeitlebens begleiten und ermutigen sollte, für ihren göttlichen Sohn zu leben, zu leiden und ihn – dem sie sich im Karmel als Braut vermählen wird – über alles zu lieben.

Es ist diese schier unstillbare Leidenschaft für Christus, die das ganze Leben Thereses prägt und bestimmt. Seit ihrer Kindheit wächst in ihr der Wunsch, den älteren Schwestern ins Kloster zu folgen, um ganz Jesus zu gehören. Als ihre Bitte um Eintritt aber wegen ihres jungen Alters abgelehnt wird und der zuständige Bischof auch nicht bereit ist, ihr zu helfen, wendet sie sich bei einer Pilgerfahrt nach Rom und der damit verbundenen Papstaudienz kurzentschlossen an Leo XIII. und bittet ihn, mit 15 Jahren in den Karmel eintreten zu dürfen. Die Antwort des Papstes stellt Therese zunächst nicht zufrieden: „Mein Kind, tue, was die Oberen dir sagen!" – „Heiligster Vater, wenn Sie ‚Ja' sagen würden, wären alle einverstanden!" Thereses Hartnäckigkeit, die dem Zeremoniell des Päpstlichen Hofes völlig zuwiderläuft, da es den Pilgern ausdrücklich verboten wurde, den Papst anzusprechen, scheint sich doch durchzusetzen, da Leo XIII. ihr ant-

wortet: „Nun gut, nun gut … du wirst eintreten, wenn der liebe Gott es will!“
Und tatsächlich, schon bald nach der Romreise lösen sich alle Schwierigkeiten, endlich darf sie am 9. April 1888, dem wegen der Fastenzeit verlegten Fest Mariae Verkündigung, in den Karmel zu Lisieux eintreten. Stand an diesem Tag das heilbringende „Fiat“ der Jungfrau von Nazareth, das den Erlöser der Menschheit auf die Welt kommen ließ, im Mittelpunkt der liturgischen Feier, so galt es auch gleichermaßen für Therese, die durch ihren Eintritt ins Kloster bewusst die Demut Mariens nachahmen wollte, um wie sie sprechen zu können: „Mir geschehe nach deinem Wort!“ Wie Maria verstand sie ihr Ja-Wort gegenüber dem Willen Gottes als Mitarbeit am Werk der Erlösung, denn auf die Frage, warum sie in den Karmel eingetreten sei, antwortet Therese: „Ich bin hierhergekommen, um Seelen zu retten, und ganz besonders für die Priester zu beten!“
Kennzeichnend für Thereses Spiritualität ist ihr kindliches Vertrauen, das von Gott alles erbittet und erwartet. Kühnheit, Spontaneität und manchmal fast schelmische Formulierungen prägen daher auch ihre Marienverehrung. So betet etwa Therese: „O Maria, wenn ich die Königin des Himmels wäre, und du Therese wärest, dann würde ich Therese sein wollen, damit du die Königin des Himmels bist!“ Ein andermal ruft sie staunend nach längerer Betrachtung einer Statue der Gottesmutter: „Wer hätte wohl Maria erfinden können?!“
Das Ordensleben Thereses währt nur kurz und entbehrt jedes spektakulären Ereignisses. Treu und unscheinbar geht sie Tag für den Tag ihren „Kleinen Weg“ an der Seite Mariens und mit festem Blick auf Jesus, den geliebten

Bräutigam. Lebendig aber bleibt in ihr die leidenschaftliche Sehnsucht, eine große Heilige zu werden, in ihrer Liebe alle Seligen des Himmels zu übertreffen und Großes für die Kirche zu leisten. Sie wünscht sich, alle nur erdenklichen Taten für Christus zu vollbringen: „Ich fühle in mir die Berufung zum Krieger, Priester, Apostel, Kirchenlehrer und Märtyrer. Ich möchte die heldenmütigsten Werke vollbringen. O Beruf des Priesters! Mit welcher Liebe würde ich dich, Jesus, in meinen Händen tragen, wenn meine Stimme dich vom Himmel herabrufen würde! Gleich den Propheten und Kirchenlehrern möchte ich die Seelen erleuchten. Ich möchte die Welt durcheilen, dienen Namen verkünden und im Lande des Unglaubens dein glorreiches Kreuz aufpflanzen. Aber ein einziges Missionsland würde mir nicht genügen: Ich möchte das Evangelium zu gleicher Zeit in allen Teilen der Welt verkünden und bis hinaus auf die entlegensten Inseln." Noch sehnsüchtiger, noch leidenschaftlicher, noch „törichter" aus Liebe wird Therese, wenn sie fortfährt über ihren Wunsch nach dem Martyrium zu sprechen: „Vor allem möchte ich Märtyrerin sein. Das war der Traum meiner Jugend! Aber das ist eine weitere Torheit: denn ich sehne mich nicht nach *einer* Art von Martyrium: Gleich dir, mein angebeteter Bräutigam, möchte ich gegeißelt, gekreuzigt werden. Ich möchte mir die Haut abziehen lassen, wie ein heiliger Bartholomäus. Wie ein heiliger Johannes möchte ich in das siedende Öl getaucht, gleich einem heiligen Ignatius von Antiochien von den Zähnen der Tiere zermalmt werden, um so ein Brot zu werden, das Gottes würdig ist." Therese hadert nicht mit ihrer Berufung als Ordensfrau, sie rebelliert nicht gegen die allein den Männern vorbehaltene Priesterweihe und sie stürzt sich nicht in verrückte Träume, um der Realität des Alltags zu entfliehen, nein, sie hält in sich eine echte christliche Sehnsucht nach dem Ideal der Heiligkeit wach, das sie, die kleine Nonne, die nie den Karmel von Lisieux verlassen hat, zur Kirchenlehrerin und zur zweiten Patronin der Weltmission gemacht hat. In ihrem grenzenlosen Vertrauen und alle Nationen umschließenden Beten hat sie die Mauern des Klosters gesprengt und in Christus die ganze Welt für sein Reich erobert. Ja, sie findet gerade in dem kleinen, eng abgegrenzten Raum des Karmel ihre eigentliche Berufung, die all die anderen, von denen sie träumt, mit einschließt: „Ich begreife, dass die Kirche einen aus verschiedenen Gliedern zusammengesetzten Körper hat. Ich verstand, dass sie ein Herz hat, und dieses Herz glüht von Liebe. Ich verstand, dass die Liebe allein die Triebkraft der Glieder ist – dass, wenn die Liebe erlöschen sollte, die Apostel das Evangelium nicht mehr verkündigen und die Märtyrer sich weigern würden, ihr Blut zu vergießen. Ich begreife, dass die Liebe alle Berufungen in sich schließt, dass die Liebe alles ist, dass sie alle Zeiten und Orte umfasst, weil sie ewig ist. Endlich habe ich meine Berufung gefunden! Mein Beruf ist die Liebe! Ja, ich habe meinen Platz im Schoß der Kirche gefunden, und diesen Platz, mein Gott, hast Du mir gegeben: im Herzen der Kirche, meiner Mutter, werde ich die Liebe sein!“

Diese Liebe beweist Therese gerade in den letzten Monaten ihres Lebens, als sie nicht nur durch körperliche Leiden, sondern auch durch seelische Dunkelheiten an die Grenzen ihrer Kräfte geführt wird. Ihr einst so strahlender Glaube wird immer mehr in Finsternis getaucht, und schwere Zweifel suchen sie heim, so dass ihr Gemüt kei-

ne Sicherheit mehr verspürt, und allein ihr Wille sie noch an Gott festhalten kann. Entschieden schreibt sie das Glaubensbekenntnis ab, um es fortan immer bei sich zu tragen – als treues Bekenntnis zur Wahrheit, wenn ihre Gebete scheinbar nur noch von den Lippen vollzogen werden, und das Herz wie erkaltet ist. In diesen letzten Monaten sagt sie: „Ich kann nicht beten. Ich kann nur Maria anschauen und sagen: Jesus!"
Mit nur 24 Jahren stirbt die „kleine" heilige Therese, die sich gemäß ihrer schlichten Alltagsspiritualität den Beinamen „vom Kinde Jesu" gewählt hatte, an Lungentuberkulose. In diesen letzten schweren Stunden ist es wieder Maria, deren Lächeln Therese sucht, um Kraft und Trost zu finden. Deshalb stellt man in ihrer Krankenstube die Madonnenfigur auf, die sich bei dem Heilungswunder ihrer Kindertage zu bewegen schien. Unentwegt blickt sie Therese an: „Niemals kam sie mir so schön vor … Aber heute ist es die Statue. Wie Sie jedoch wissen, damals war es nicht die Statue. Oh, wie liebe ich die Jungfrau Maria! Wäre ich Priester geworden, wie schön hätte ich über sie gesprochen. Man schildert sie als unerreichbar, und doch sollte man zeigen, wie man sie nachahmen kann. Sie ist mehr Mutter als Königin."
Am 30. September 1897, ihrem Todestag, sagt sie zu ihrer Pflegerin: „Ich habe inbrünstig zu Maria gebetet. Aber es ist die reine Agonie ohne jeden Trost: ‚Maria, komm mir zu Hilfe! Oh, du weißt, dass ich ersticke!'" Jetzt aber ist die Stunde gekommen, in der sich das Sehnen Thereses erfüllt, das sie in ihrer Autobiographie im Bild des Adlers und des schwachen Vögleins beschreibt: „Wie mag eine so unvollkommene Seele wie die meine sich nach der Fülle der Liebe sehnen? Doch wie könnte mein Vertrau-

en Grenzen haben? Einst kommt der Tag – so vertraue ich – da wirst du mich mit dir verschmelzen und mich emportragen zum Herd der Liebe." Thereses kindliche Kühnheit und ihr schier unermessliches Vertrauen haben die letzten Dunkelheiten zerrissen. Was bleibt und hinüberreicht ins ewige Leben, ist die Liebe: „Ich habe dem lieben Gott nie etwas anderes als Liebe entgegengebracht; er wird es mir mit Liebe vergelten. Nach meinem Tod werde ich einen Rosenregen auf die Erde fallen lassen. Ja, ich werde meinen Himmel damit verbringen, auf Erden Gutes zu tun." Gemäß dieser Verheißung wird die Heilige aus Lisieux nicht selten mit Rosenblüten dargestellt, die sie aus ihren Händen fallen lässt – Sinnbild für die Gnaden, die sie der Kirche auf Erden erbittet, denn auch vom Himmel aus will sich die unermessliche Sehnsucht der kleinen Therese nicht beschränken lassen, sondern allen Menschen die Liebe Gottes mitteilen.

Gebet der hl. Therese vom Kinde Jesu zur Muttergottes

Du lässt mich erkennen: Es ist nicht unmöglich, auf deinen Spuren zu wandeln, du Königin der Auserwählten. Du hast den schmalen Weg zum Himmel geoffenbart, indem du stets die schlichtesten Tugenden übtest. Maria, wenn ich bei dir bin, freut es mich, klein zu bleiben.
Amen.

7. Novenentag

Maria –
Unsere Mutter

Vorbereitungsgebet zum Heiligen Geist

Atme in mir, Du Heiliger Geist,
dass ich Heiliges denke.
Treibe mich, Du Heiliger Geist,
dass ich Heiliges tue.
Locke mich, Du Heiliger Geist,
dass ich Heiliges liebe.
Stärke mich, Du Heiliger Geist,
dass ich das Heilige hüte.
Hüte mich, Du Heiliger Geist,
dass ich es nimmermehr verliere. Amen.

Schriftlesung

Jesu Testament und Erbe

In jener Zeit standen bei dem Kreuz Jesu seine Mutter und die Schwester seiner Mutter, Maria, die Frau des Kleophas, und Maria von Magdala. Als Jesus seine Mutter sah und bei ihr den Jünger, den er liebte, sagte er zu seiner Mutter: „Frau, siehe, dein Sohn!“ Dann sagte er zu dem Jünger: „Siehe, deine Mutter!“ Und von jener Stunde an nahm sie der Jünger zu sich.
(Joh 19,25-27)

Gedanken zur Betrachtung

Die Mutter Christi geht den Weg ihres Sohnes bis zum Ende mit. All die Apostel, bis auf den Lieblingsjünger, sind geflohen; Maria aber hält tapfer aus unter dem Kreuz. Sie muss miterleben, wie Jesus an das Kreuz genagelt wird. Jeder Hammerschlag trifft ihr eigenes Herz; sie leidet, wie nur eine trauernde Mutter leiden kann. Welch ein furchtbarer Schmerz! Jetzt ist die Stunde gekommen, die Simeon ihr im Tempel prophezeit hat: „Deine Seele wird ein Schwert durchdringen!“ Jetzt ist aber auch die Stunde der Erlösung gekommen, denn durch seinen Tod am Holz des Kreuzes besiegt Christus die alte Schlange, die am Baum des Paradieses Sünde und Tod in die Welt gebracht hat. Jetzt ist Maria die neue Eva, die mit Christus leidet, um der Welt das Heil zu erwirken. Jetzt erfüllt sich die Vorhersage, die Gott unseren Stammeltern gab: „Feindschaft setze ich zwischen dich und die Frau, zwischen ihren Nachwuchs und deinen. Sie zertritt dir den Kopf, und du triffst ihn an der Ferse!“ (Gen 3,15) „Hier vereint sich Maria mit ihrem Sohn im Martyrium des Herzens und in der Hingabe des Lebens an den Vater für das Heil der Menschheit. Die Gottesmutter hat sich den Schmerz ihres Sohnes zu eigen gemacht und hat mit ihm den Willen des Vaters angenommen, in jenem fruchtbringenden Gehorsam, der den wahren Sieg über das Böse und über den Tod schenkt“ (Papst Franziskus, 23. Oktober 2013).
Christus weiß, dass sich jetzt die alte Weissagung erfüllt. Deshalb nennt er seine Mutter ehrfurchtsvoll „Frau“. Wie Eva die Mutter aller Menschen wurde, so macht der Erlöser in der Stunde seines Todes Maria zur Mutter aller

Erlösten. Er opfert nicht nur sein Leben für uns, sondern schenkt uns das Liebste und Schönste, das er auf Erden hatte, seine Mutter. Maria kennt die Bedeutung dieser Stunde. Sie nimmt Johannes und mit ihm alle Menschen als ihre Kinder an. Von nun an gilt ihre ganze Liebe all denen, für die ihr Sohn sein Blut vergossen hat. Sein letztes Testament ist ihr heilig.
Wir können uns vorstellen, wie dankbar der heilige Johannes war, dass Jesus ihm Maria zur Mutter gegeben hat. Wir wissen aus der Hl. Schrift, dass er sie zu sich genommen und für sie gesorgt hat. Nehmen doch auch wir Maria zur Mutter an. Sie ist das kostbare Erbe, das uns Jesus sterbend geschenkt hat. Sie will uns Mutter sein, wenn wir sie nur aufnehmen, wenn wir uns ihr nur ganz übergeben. Sie ist ja schon unsere Mutter, denn ihr verdanken wir unser Leben, da sie uns Christus geschenkt und mit ihm auf Golgota unser Heil erwirkt hat.

Gesätzchen vom Rosenkranz

… Jesus, der für uns gekreuzigt worden ist …

Wir wollen mit Maria unter dem Kreuze Jesu stehen und gläubig ihre Hand ergreifen, auf dass sie unsere Mutter sei.

Gebet zur Mutter Gottes „Stabat mater“

Christi Mutter stand mit Schmerzen
bei dem Kreuz und weint von Herzen,
als ihr lieber Sohn da hing.

Durch die Seele voller Trauer,
schneidend unter Todesschauer,
jetzt das Schwert des Leidens ging.

Welch ein Schmerz der Auserkornen,
da sie sah den Eingebornen,
wie er mit dem Tode rang!
Angst und Jammer, Qual und Bangen,
alles Leid hielt sie umfangen,
das nur je ein Herz durchdrang.

Wer könnt ohne Tränen sehen
Christi Mutter also stehen
in so tiefen Jammers Not?
Wer nicht mit der Mutter weinen,
seinen Schmerz mit ihrem einen,
leiden bei des Sohnes Tod!

Ach, für seiner Brüder Schulden
sah sie ihn die Marter dulden,
Geißeln, Dornen, Spott und Hohn!
Sah ihn trostlos und verlassen
an dem blutgen Kreuz erblassen,
ihren lieben, einzgen Sohn.

Gib, o Mutter, Born der Liebe,
dass ich mich mit Dir betrübe,
dass ich fühl die Schmerzen Dein.
Dass mein Herz von Lieb entbrenne,
dass ich nur noch Jesus kenne,
dass ich liebe Gott allein.

Heilge Mutter, drück die Wunden,
die Dein Sohn am Kreuz empfunden,
tief in meine Seele ein.
Ach, das Blut, das er vergossen,
ist für mich dahingeflossen;
lass mich teilen seine Pein.

Lass mich wahrhaft mit dir weinen,
mich mit Christi Leid vereinen,
solang mir das Leben währt.
Unterm Kreuz mit Dir zu stehen,
unverwandt hinaufzusehen,
ist es, was mein Herz begehrt.

O du Jungfrau der Jungfrauen,
wollst in Liebe mich anschauen,
dass ich teile Deinen Schmerz.
Dass ich Christi Tod und Leiden,
Marter, Angst und bittres Scheiden
fühle wie Dein Mutterherz.

Lass mich tragen seine Peinen,
mich mit ihm am Kreuz vereinen,
trunken sein von seinem Blut.
Dass nicht zu der ewgen Flamme
der Gerichtstag mich verdamme,
steh, o Jungfrau, für mich gut.

Christus um der Mutter Leiden
gib mir einst des Sieges Freuden
nach des Erdenlebens Streit.
Jesus, wenn mein Leib wird sterben,

lass dann meine Seele erben
Deines Himmels Seligkeit. Amen.

Schlussgebet

Barmherziger Gott, durch das kostbare Blut Deines Sohnes hast Du die Welt mit Dir versöhnt und seine Mutter unter dem Kreuz zu der unsrigen bestimmt. Schenke uns auf die Fürsprache der seligen Jungfrau Maria die Vergebung unserer Sünden. Darum bitten wir durch Jesus Christus, Deinen Sohn, unseren Herrn und Gott, der in der Einheit des Heiligen Geistes mit Dir lebt und herrscht in alle Ewigkeit. Amen.

Geistliche Lesestücke für die Tage der Novene zum 7. Novenentag

Aus dem Goldenen Buch

Maria alles anvertrauen

Alles, was wir Maria schenken, wird sie sorgsam für uns bewahren. Wenn wir selbst uns ihr weihen, so wird sie uns als ihr Gut und Eigentum beschützen und wie ihren Augapfel behüten. Alles, was wir an guten Werken und Gebeten ihrem Unbefleckten Herzen übergeben, wird sie vermehren und Zinsen tragen lassen. Ja, wir dürfen das reine Herz Mariens, das übervoll an Gnaden ist, mit einem Bankkonto vergleichen, auf das wir unsere Pfennigbeträge einzahlen. Unsere himmlische Mutter aber weiß daraus Kapital zu schlagen und unseren Schatz im Himmel zu vermehren. Bei ihr ist all unser innerer und äußerer Besitz bestens aufgehoben, so dass kein Dieb ihn uns rauben kann (vgl. Lk 12,33).

Unsere gute Mutter nimmt aus reiner Güte alles an, was wir ihr zur Verwahrung übergeben. Hat sie es aber einmal zur Verwaltung übernommen, dann muss sie es kraft dieses Abkommens auch bewahren. Wenn ich jemand tausend Taler zur Aufbewahrung anvertraue, dann ist er verpflichtet, sie mir zu bewahren; und wenn meine tausend Taler durch eine Nachlässigkeit seinerseits verlorengehen, so ist er mir von Rechts wegen dafür haftbar. Aber Maria, die getreue Jungfrau, wird niemals aus Nachlässigkeit verlorengehen lassen, was man ihr anvertraut hat. Eher vergingen Himmel und Erde, als dass Maria nachlässig und treulos wäre gegenüber jenen, die ihr vertrauen. Lasst euer Gold und Silber nicht in euren eigenen Truhen; der böse Feind hat sie ja schon früher zerbrochen und euch bestohlen; auch sind sie zu klein, zu schwach und zu alt, um einen so großen und kostbaren Schatz zu behüten. Schüttet das reine klare Quellwasser nicht in eure eigenen Gefäße, die von der Sünde ganz verdorben und beschmutzt sind. Wenn auch die Sünde nicht mehr darin ist, so bleibt doch ihr Geruch; das Wasser würde davon verderben. Gießt nicht euren köstlichen Wein in eure alten Fässer, die den schlechten Wein enthalten haben; der gute Wein würde davon verderben und könnte verschüttet werden.

Gießt, schüttet in Mariens Herz all eure Schätze, all eure Gnaden und Tugenden; sie ist ein Kelch des Geistes, ein ehrwürdiger Kelch, ein erlesener Kelch der Hingabe. Seit Gott selbst mit seiner Vollkommenheit sich in dieses Gefäß eingeschlossen hat, wurde es ganz vergeistigt, die geistliche Wohnstatt der innerlichen Seelen. Es ist ehrwürdig geworden, denn es wurde zum Ehrenthron des höchsten Himmelsfürsten. Es wurde zum erlesenen Kelch der Hingabe, zum Aufenthalt jener Seelen, die sich am meisten durch Milde, Gnaden und Tugenden auszeichnen. Es wurde reich wie ein goldenes Haus, fest wie ein Turm Davids und rein wie ein Turm von Elfenbein.

Da die wunderbare Jungfrau Maria das edelste und freigiebigste aller bloßen Geschöpfe ist, lässt sie sich niemals an Liebe und Großmut übertreffen. „Schenkst du ihr eine Bohne, so gibt sie dir eine Krone“, so sagt ein frommer Mann. Das heißt, wenn wir ihr auch noch so wenig ge-

ben, sie schenkt uns viel von ihren Gottesgaben. Und wenn sich daher eine Seele ihr vorbehaltlos schenkt, so schenkt auch sie sich vorbehaltlos dieser Seele.
(Ludwig Maria Grignion, Die vollkommene Hingabe an Jesus durch Maria V)

Aus dem Leben der Heiligen

Die hl. Maria Goretti

Jährlich fallen viele Menschen einem Verbrechen zum Opfer, und immer wieder schockieren uns Nachrichten über den sexuellen Missbrauch von Kindern und Jugendlichen oder über brutale Vergewaltigungen wehrloser Opfer. Warum gedenken wir dann eines noch nicht zwölfjährigen Mädchens, das 1902 ermordet wurde? Maria Goretti ist gestorben, weil sie ihre Würde als junge Frau verteidigen wollte und es nicht gestattete, dass man sie als stumpfes Objekt der Befriedigung benutzte. Sie wollte rein bleiben – ein Ausdruck, der heute leider altmodisch und prüde erscheint, den aber Jesus in den Seligpreisungen gebraucht, um jene Menschen zu loben, die ein lauteres, durchscheinendes, unschuldiges Herz haben. Diese Reinheit, die sowohl das Meiden der Sünde im allgemeinen als auch das Mühen um die Keuschheit im Besonderen meint, ist auch in unserer Zeit lebbar. Das beweist uns das Leben Maria Gorettis. Ihr Tod war kein Unfall, und es genügt auch nicht, ihn als tragisches Verbrechen zu werten; nein, Maria Goretti ist mit vollem Bewusstsein für ihr Ideal in den Tod gegangen.

Die Mutter Marias wurde unter der Last bitterer Armut ein wenig rauh und hart. Umso mehr entbehrte die 1890 geborene Marietta ihren geliebten „babbo“ (=Papa), der sehr früh an Malaria gestorben war. Nie ging sie an der niedrigen Friedhofsmauer vorbei, ohne ein Gebet für seine Seelenruhe zu sprechen. Auf seinem Schoß hatte sie ja die Namen Jesus und Maria sprechen gelernt, und er war es, der ihr das Kreuzzeichen beigebracht und aus dem Leben der Heiligen Familie erzählt hatte. Eine Schule konnte sie nämlich nicht besuchen. Für ihren „babbo“ opferte sie auch die erste hl. Kommunion auf, die sie mit elf Jahren in der Pfarrkirche von Nettuno empfing. Nun wanderte das Mädchen öfter die elf km lange, sonnendurchglühte Landstraße nach Nettuno. Maria Goretti hatte Sehnsucht nach Jesus, ihrem einzigen Freund, dem sie in der hl. Messe und in der hl. Kommunion ganz nahe sein konnte.

Wie eine Mutter sorgte Maria für die Geschwister, für die sie schon sehr früh Verantwortung übernehmen musste. Wenn sie bei Tisch nicht satt werden konnten, schob sie ihnen sogar heimlich ihr eigenes Essen hin. Maria Goretti schwieg, wenn Mutter Assunta sie einmal wegen eines Versehens heftig anfuhr. Gehorsam und bescheiden arbeitete sie in den abgelegten, geflickten Kleidern, die ihr die Nachbarin geschenkt hatte. – Einen neuen Rock, eine modische Bluse hätte die Familie nicht bezahlen können.

Die Tagesarbeit endete mit dem gemeinsamen Rosenkranz, und selbstverständlich betete Maria vor. Dieses Gebet war eines ihrer liebsten, denn bei Maria und durch sie bei Jesus fand sie Trost in dem harten und armen Leben, das ihr wahrlich keine glückliche und sorgenfreie Kindheit vergönnte. Wenigstens eine kurze Zeit lang verschaffte das Gebet Ruhe im arbeitsreichen Alltag, ließ aufatmen und Kraft schöpfen. Jesus und Maria empfahl sie auch ihren Vater, für den sie fast täglich einen zweiten Rosenkranz im Bett betete, bis sie endlich übermüdet einschlief.

In dieses arme, pflichttreue Leben brach plötzlich der Versucher ein: Alessandro Serenelli. Der neunzehnjährige, verschlossene Junge lebte mit seinem gewalttätigen, trunksüchtigen Vater Tür an Tür mit den Gorettis.

Maria beklagte sich einmal bei ihrer Mutter über die zweideutigen Gespräche und die anzüglichen Witze, die die Mädchen beim Wasserholen am Brunnen führten, aber leider verschwieg sie, dass Alessandro ihr schon zweimal im Laufe eines Monats nachgestellt hatte. Erst auf dem Sterbebett berichtete sie notgedrungen davon. Sie entschuldigte sich, aus falscher Scham nichts gesagt zu haben.

In Alessandros Augen war Maria Goretti nichts anderes als eines jener Mädchen, die seine Zimmerwände zierten – ein seelenloses Objekt seiner Begierde, ein Ziel seiner Leidenschaften. Die Unkeuschheit kann Seele und Herz so sehr ins Irdische hinabziehen, dass sie dunkel und blind werden für fast alles, was gut und schön ist. Die Würde des anderen, sein Leben und Glück, seine Liebe und Freundschaft zählen nicht mehr, sondern nur noch seine auf die Dimension des Sexuellen reduzierte Leiblichkeit. Der Mitmensch wird zum seelenlosen Objekt, sein Leib zum Mittel egoistischer Befriedigung.

Maria, die unter dem groben Werben Alessandros litt, wurde immer bedrückter. Sie tat alles, um dem Jungen aus dem Weg zu gehen; eine große Schwierigkeit, da sie

auch den Haushalt und die Wäsche der beiden Serenellis mitversorgen musste.
So kam der 5. Juli 1902. Maria Goretti hatte noch vor einigen Wochen in Conca eine Predigt über das Leiden Christi gehört. Sie war tief erschüttert und wollte ihrem Vorsatz treu bleiben: „Lieber sterben, als sündigen!" Mutter Assunta und die Nachbarn droschen mit den Ochsen auf der Tenne. Da nutzte Alessandro die Gelegenheit, doch Maria schien etwas zu ahnen. Sie hatte sich mit Stopfarbeit für alle sichtbar auf die Haustreppe gesetzt und zum Schutz noch die jüngste, schlafende Schwester neben sich gelegt. Der Junge aber zerrte sie gewaltsam ins Haus. Vergebens warnte sie ihn, er werde in die Hölle kommen, wenn er auf seinem Willen bestehe. Alessandro, blind vor Leidenschaft, drohte ihr mit dem Tod, wenn sie sich wehre, und trotzdem leistete Maria erbitterten Widerstand. Sie hat sich mit aller Kraft gegen diesen Missbrauch zur Wehr gesetzt. Von 14 Dolchstichen durchbohrt, stürzte sie zu Boden. Ihre Schreie gingen im Lärm des Dreschens unter.
Am Morgen dieses Tages hatte sie spontan gesagt, sie würde so gerne die hl. Kommunion empfangen. Nun empfing sie den Heiland vor ihrem Tod im Spital von Nettuno. Vorher hatte sie dem Pfarrer Don Signori erklärt: „Ja, ich verzeihe Alessandro aus Liebe zu Jesus, und ich will, dass auch er mit mir in den Himmel kommt." Zwei Stunden lang operierten die Ärzte ohne Narkose, um sie zu retten. Vergebens! Unter entsetzlichen Schmerzen rief Maria nach ihrem „Babbo". „In Gottes Namen" fügte sie sich in die Anordnung der Ärzte, die es der Mutter verbaten, die letzte Nacht bei der sterbenden Tochter zu wachen.

Voll Freude war Maria, dass sie noch auf dem Sterbebett ihre Weihe an die Muttergottes ablegen konnte. Jetzt hatte sie nichts mehr zu fürchten! So konnte sie ihre gute Firmpatin trösten: „Die Mutter Gottes erwartet mich." Sie starb noch am Sonntag, den 6. Juli. Mit dem blauen Band der Marienkinder geschmückt, wurde sie in einem Armengrab bestattet. Papst Pius XII. sprach Maria Goretti heilig und erhob das kleine Mädchen, das seine Würde und Reinheit buchstäblich bis aufs Blut verteidigt hatte, zur Ehre der Altäre. Ihre Mutter Assunta durfte an diesem Fest auf dem Petersplatz teilnehmen. Auch sie hatte wie ihre Tochter dem Mörder verziehen, als er nach vielen Jahren aus dem Gefängnis kam und sie um Verzeihung bat. Alessandro bereute seine Tat und starb als Helfer eines Klosters.

Gebet des seligen Michael Pro SJ zur schmerzhaften Muttergottes

Lass mich mein Leben bei Dir verbringen,
Du meine Mutter,
und lass mich bei Dir aushalten
in der traurigen Einsamkeit
und Deinen tiefen Schmerzen.
Lass mich in meiner Seele verspüren
das schmerzliche Weinen Deiner Augen,
die Bitterkeit Deines Herzens.
Nicht das zarte Glück Bethlehems gib mir
auf meinem Lebensweg;
nicht die Freuden,
die Du im armen Haus von Nazareth verspürtest,
da der Herr bei Dir war;

nicht den Engelsjubel bei Deiner glorreichen Auffahrt zum Himmel.

Nein, für mich gib den Spott,
die Lästerungen von Kalvaria;
gib Teil an Deines Sohnes bitterem Todesleid,
Teil an der Verachtung, der Schmach,
der Schande des Kreuzes.
Ich will bei Dir ausharren dürfen,
schmerzensreiche Jungfrau,
aufrecht wie Du;
an Deinen Tränen soll mein Geist erstarken,
an Deiner Marter mein Opfer sich entzünden,
in Deiner Einsamkeit mein Herz bestehen.
Mein ganzes Sein sei geopfert meinem Gott und Deinem
Gott zuliebe. Amen.

8. Novenentag

Maria –
Die Mutter der Kirche

Vorbereitungsgebet zum Heiligen Geist

Atme in mir, Du Heiliger Geist,
dass ich Heiliges denke.
Treibe mich, Du Heiliger Geist,
dass ich Heiliges tue.
Locke mich, Du Heiliger Geist,
dass ich Heiliges liebe.
Stärke mich, Du Heiliger Geist,
dass ich das Heilige hüte.
Hüte mich, Du Heiliger Geist,
dass ich es nimmermehr verliere. Amen.

Schriftlesung

Die Herabkunft des Heiligen Geistes auf die um Maria versammelten Apostel

Als Jesus in den Himmel aufgenommen war, kehrten die Apostel vom Ölberg, der nur einen Sabbatweg von Jerusalem entfernt ist, nach Jerusalem zurück. Als sie in die Stadt kamen, gingen sie in das Obergemach hinauf, wo sie nun ständig blieben. Sie alle verharrten dort einmütig

im Gebet, zusammen mit den Frauen und mit Maria, der Mutter Jesu, und mit seinen Brüdern.
Als der Pfingsttag gekommen war, befanden sich alle am gleichen Ort. Da kam plötzlich vom Himmel her ein Brausen, wie wenn ein heftiger Sturm daherfährt, und erfüllte das ganze Haus, in dem sie waren. Und es erschienen ihnen Zungen wie von Feuer, die sich verteilten; auf jedem ließ sich eine nieder. Alle wurden mit dem Heiligen Geist erfüllt und begannen in fremden Sprachen zu reden, wie es der Geist ihnen eingab.
(Apg 1,12-14; 2,1-4)

Gedanken zur Betrachtung

Christi Werk auf Erden ist erfüllt. Mit seinem Blut hat er das Lösegeld für die gefallene Menschheit bezahlt, in seiner Auferstehung den Tod besiegt und durch seine glorreiche Auffahrt zum Vater das Tor des Himmels geöffnet. Jetzt will er die Fortsetzung des Heilswerkes seiner Kirche auf Erden anvertrauen, denn Gott „will, dass alle Menschen gerettet werden und zur Erkenntnis der Wahrheit gelangen" (1 Tim 2,4). Durch die Kirche sollen die Heilsgnaden Christi zu allen Menschen aller Zeiten und aller Nationen gelangen. Durch das Lehramt der Kirche und die Verkündigung des Evangeliums soll die Wahrheit in alle Ohren und Herzen dringen. Deshalb hat Christus seinen Aposteln versprochen, ihnen einen machtvollen Beistand zu senden, der sie für diese Aufgabe heiligen und stärken werde: Gott, den Heiligen Geist.
Seit der Himmelfahrt Jesu sind die Apostel um Maria vereint. Sie wissen, dass die Mutter Jesu ihre Mutter und ihre Königin ist. Gemeinsam bitten sie um die Herab-

kunft des Heiligen Geistes – die erste Novene der Kirchengeschichte, von Christi Himmelfahrt bis Pfingsten. Die Gottesmutter ist die große Beterin, die in diesen Tagen sehnsüchtig um den Heiligen Geist gefleht hat. Sie selbst war ja bereits ganz von ihm erfüllt, aber sie wusste, wie dringend die Apostel seiner Stärkung bedurften, um das Werk ihres Sohnes auf Erden fortzusetzen. Jesus hatte seine Kirche schwachen Menschen anvertraut und das Heil so vieler von ihrer Predigt und ihrem Gebet abhängig gemacht. Maria, die Gefährtin Christi im Erlösungswerk, hatte klarer als die Apostel erkannt, dass ihr göttlicher Sohn in der Kirche, seinem mystischen Leib, auf Erden weiterlebt und durch die Glieder dieses geheimnisvollen Leibes sein Werk fortführen und vollenden will. Durch die Kirche soll das Heil zu allen Völkern und zu jedem einzelnen gelangen.

In Maria spiegelt sich auf wunderbare Weise das Geheimnis der Kirche: So wie Christus der einzige Weg zum Vater ist, so kann keiner ohne die Kirche, seinen mystischen Leib, das Heil finden. Alle Gnaden aber, die uns Christus schenken will, fließen uns durch die Hände Mariens zu. Mutter des Erlösers und deshalb auch Mutter der Kirche ist Maria. Wie sie daher auf Erden liebevoll für Jesus da war, so hört sie vom Himmel her nicht auf, als Helferin und Fürsprecherin für die Kirche zu sorgen. Maria und die Kirche – auf beide trifft der Ehrentitel zu: Mittlerin der Gnaden!

Wie den zwölf Aposteln erfleht sie auch uns den Beistand ihres göttlichen Bräutigams, des Heiligen Geistes, um uns zu befähigen, am Aufbau des Reiches Gottes mitzuarbeiten. Sie selbst will uns zu heiligen Aposteln heranbilden, die furchtlos in die Welt hinausgehen, um die frohe Bot-

schaft zu verkünden und die Wahrheit allen Menschen zu bringen.
Lassen wir uns von Maria, der Königin der Apostel, führen, damit wir in der Kraft des Heiligen Geistes für Gott unser Leben einsetzen. Wir können Maria keine größere Freude machen, als die Kirche, die ja wirklich der geheimnisvolle Leib ihres Sohnes ist, zu lieben und an ihrer Ausbreitung zu arbeiten, damit die Heilsgnaden der Erlösung allen Menschen zuteil werden.

Gesätzchen vom Rosenkranz

... Jesus, der uns den Heiligen Geist gesandt hat ...

Wir wollen mit Maria um den Beistand des Heiligen Geistes bitten; für uns selbst und für alle Hirten der Kirche.

Gebet zur Mutter Gottes

O meine Gebieterin, o meine Mutter,
Dir bringe ich mich ganz dar,
und um Dir meine Hingabe zu bezeigen,
weihe ich Dir heute meine Augen, meine Ohren, meinen Mund,
mein Herz, mich selber ganz und gar.
Weil ich also Dir gehöre, o gute Mutter,
bewahre mich, beschütze mich als Dein Gut und Eigentum. Amen.

Schlussgebet

Gott, Du hast den Aposteln, die mit Maria, der Mutter Jesu, im Gebet versammelt waren, den Heiligen Geist gesandt. Auf ihre Fürsprache mache uns fähig, Dir in Freude zu dienen und Deine Herrlichkeit in Wort und Tat zu verkünden. Darum bitten wir durch Jesus Christus, Deinen Sohn, unseren Herrn und Gott, der in der Einheit des Heiligen Geistes mit Dir lebt und herrscht in alle Ewigkeit. Amen.

Geistliche Lesestücke für die Tage der Novene

zum 8. Novenentag

Aus dem Goldenen Buch

Die Marienweihe dient der größeren Ehre Jesu Christi

Der eigentliche Wert der guten Werke liegt in der Liebe, mit der sie verrichtet werden. Deshalb sagt die heilige Theresa vom Kinde Jesu, dass man, wenn man auch nur eine kleine Nadel aus Liebe aufhebt, dadurch einen Sünder bekehren kann. Maria hat Gott mehr geliebt als alle Heiligen. Sie hat die alltäglichen Aufgaben und Arbeiten mit unüberbietbarer Liebe getan und deshalb mit diesen äußeren Kleinigkeiten Gott mehr verherrlicht als alle Heiligen. Was wir daher ihr übergeben, wird sie mit eben dieser übergroßen Liebe ihrem Sohn schenken und ihn dadurch mehr verherrlichen, als wir es je könnten.

Wenn du diese Übung (die Marienweihe) treu hältst, dann verherrlichst du Jesus Christus in einem Monat mehr als durch eine andere, selbst schwerere, in vielen Jahren. Die Gründe meiner Behauptung sind folgende:

1. Du verrichtest alle deine Handlungen durch Maria. Damit sagst du dich los von deinen eigenen Absichten und Handlungen, wenn sie auch gut sind, und gehst gleichsam auf in denen der Gottesmutter.

Dadurch nimmst du teil an der Erhabenheit ihrer Absichten, die so rein waren, dass sie durch die geringste ihrer Handlungen, z.B. durch das Drehen ihres Spinnrockens oder das Einfädeln einer Nadel Gott mehr verherrlichte als ein heiliger Laurentius durch sein grausames Martyrium auf dem Rost, ja mehr als alle Heiligen durch ihre heldenhaften Taten. Dadurch hat sie während ihres Erdenlebens einen so unaussprechlichen Schatz an Verdiensten und Gnaden aufgehäuft, dass man eher die Sterne des Himmels zählen könnte als ihre Verdienste und Gnaden. Welch ein Wunder ist Maria, und welche Wunder wirkt sie in den Seelen, die ganz in ihr aufgehen!

2. Durch diese Übung achtet die Seele ihre eigenen Gedanken und Handlungen für nichts. Darum verherrlicht diese Seele auch Gott in höherem Maße, denn nur die, die bescheidenen und demütigen Herzens sind, können ihn vollkommen verherrlichen.

3. Die Gottesmutter nimmt gütig mit ihren jungfräulichen Händen das Geschenk unserer Werke an und verleiht ihnen wunderbare Schönheit und herrlichen Glanz. Sie selbst bringt sie Jesus Christus dar, und zweifellos wird der Heiland dadurch mehr verherrlicht, als brächten wir sie ihm mit unseren sündigen Händen.

4. Schließlich kannst du niemals an Maria denken, ohne dass Maria sofort für dich an Gott denkt. Du kannst sie gar nicht loben und ehren, ohne dass sie mit dir Gott lobt und ehrt. Maria ist ganz auf Gott hingeord-

net; ich könnte sie bezeichnen als die lebendige Gottbezogenheit, denn Maria existiert nur in ihrer Ausrichtung auf Gott. Sie ist Gottes Echo, das nichts anderes sagt und wiederholt als „GOTT". Wenn du „Maria" sagst, dann sagt sie „GOTT". Die heilige Elisabeth hat Maria gepriesen und sie selig genannt. Und Maria, dieses treue Echo Gottes, stimmte ihr Magnifikat an: „Hochpreiset meine Seele den Herrn." Was Maria tat, das tut sie heute noch. Wenn man sie preist, sie liebt, sie ehrt und beschenkt, dann wird durch und in Maria Gott gepriesen, Gott geliebt, Gott geehrt und beschenkt.

(Ludwig Maria Grignion, Die vollkommene Hingabe an Jesus durch Maria; VIII)

Aus dem Leben der Heiligen

Der hl. Johannes Maria Vianney

Dieser berühmte Pfarrer wuchs auf einem kleinen französischen Bauernhof in Dardilly auf. Als Junge schlief er im Stall. Bis zu seinem zwanzigsten Lebensjahr diente er zu Hause als unbezahlter Knecht vom Morgen bis zum Abend. In der nahen Stadt Lyon stand damals die Guillotine (=Fallbeil), die auf Betreiben der Jakobiner fleißig Priester, Adelige und andere verhasste Personen tötete. Wegen der Revolutionsjahre konnte Johannes seine erste hl. Kommunion nur heimlich bei einem flüchtenden Priester während der hl. Messe in einer Scheune empfangen. Als das Schafott endlich abgerissen wurde, wollte Johannes Priester werden. Aber es war zu spät. Der Kopf

des armen Bauernjungen konnte sich die lateinischen Wörter nicht merken, die der fromme Pfarrer von Écully ihm mühsam einzupauken versuchte.
Als er ins Priesterseminar eintrat, schickte man ihn wegen völliger Unfähigkeit wieder nach Hause. Dennoch vertraute Johannes auf Maria, die immerwährende Hilfe, von der er sagte: „Sie ist noch besser als die beste der Mütter!" Einer wusste damals, dass der spätberufene Vianney nicht mit gewöhnlichen Maßstäben zu messen war: der Pfarrer von Écully. Gemeinsam rangen sie durch Fasten, Buße und Gebet um die Gnade der Priesterberufung. Allen Widerständen zum Trotz gelang es schließlich: Am 13. August 1815 empfing Johannes Maria Vianney die Priesterweihe, allerdings wegen seines völligen Versagens in allen Prüfungen mit der Einschränkung, vorerst keine Beichte hören zu dürfen. Außerdem wurde der junge Priester gewissermaßen unter Vormundschaft gestellt und seinem Lehrmeister als Kaplan beigegeben. Unter den Priestern der Diözese Lyon war er ein Gegenstand des Unbehagens für den Generalvikar und die Zielscheibe gutmütigen Spottes für seine Mitbrüder. Als der Pfarrer von Écully starb, kam für diesen „unfähigen" Priester eigentlich nur ein Posten in Frage: Pfarrer in Ars. Der dortige Seelsorger war gerade an Schwindsucht gestorben.
Kein Wegkreuz oder Madonnenbild erwarteten Johannes Baptist Vianney in Ars. Die Kirche war verdreckt und ohne Beter. Dafür gab es zwischen den etwa 70 Häusern von Ars vier Wirtshäuser. Der neue Pfarrer warf sich vor dem Tabernakel auf die Knie und erhob sich erst am nächsten Morgen mit dem festen Vorsatz, das verlorene Dorf wieder für das Reich Gottes zu gewinnen. Er war

fest davon überzeugt, dass das vertrauensvolle und beständige Gebet alles vermag.
Anfangs freilich schienen die Widerstände unüberwindbar. Am Sonntag kamen nur ein paar alte Frauen in die Kirche. Die Männer saßen beim Kartenspiel in den Wirtshäusern und lachten und fluchten über den Schwarzrock, der plötzlich an ihren Tischen erschien und sie an die Sonntagspflicht mahnte. Was fiel dem ein? Die ganze Woche schufteten sie, und nun kam so ein Dahergelaufener und wollte ihnen den Sonntagsspaß verderben. Die Dörfler versteiften sich und prahlten, der Pfarrer werde den Kürzeren ziehen. Doch der Pfarrer rang nicht nur mit Worten um die Seelen. Bald wussten alle, dass er seinen ganzen Besitz den Armen schenkte, dass er nur seinen schäbigen Talar besaß und noch nicht einmal einen Mantel. Man erfuhr, dass er fast nur von Kartoffeln lebte, die er am Montag für die ganze Woche kochte und oft halb verschimmelt aß. Der Pfarrer war ärmer als der ärmste Ackerknecht.
Gleichzeitig rang Johannes Vianney auch mit Gott um die Seelen seiner Pfarrkinder. Um zwei Uhr morgens schon erhob er sich, betete sein Brevier, ging dann um vier Uhr zur Kirche, wo er bis zum Mittag blieb. Immer beim Stundenschlag betete er ein Ave Maria und ehrte die Unbefleckte Empfängnis. Unbeschreiblich war sein Vertrauen zur Muttergottes. Ihr weihte er sich und seine Pfarrei und ließ die Namen aller Gemeindemitglieder in das Herz einer großen Marienstatue einschließen. Ihr galt seine große Liebe, so dass er sagen konnte: „Der liebe Gott hätte eine schönere Welt schaffen können als die unsere, aber er hätte kein Geschöpf mit größerer Vollkommenheit auszeichnen können als Maria." Er vertraut eines

Tages Catherine Lassagne, einer seiner geistigen Töchter, an: „Ich habe Maria geliebt, noch bevor ich sie kannte; das ist meine älteste Liebe!"
Schon bald belohnte Maria das in sie gesetzte Vertrauen und bestätigte die Worte ihres treuen Verehrers: „Überall, wo die allerseligste Jungfrau geehrt wird, wirkt sie Wunder!" Das Dorf verwandelte sich: Als erste waren die Frauen und Kinder dem heiligen Priester gefolgt. Die Männer ließen länger auf sich warten, standen dann aber überzeugt und stark hinter ihrem Seelsorger. Sein Leben, das im Einklang mit seinen Worten stand, überzeugte sie. Nun war die Kirche von Ars nie mehr völlig von Betern leer, und keiner wagte es mehr, den Sonntag durch Arbeit auf dem Feld oder Zechgelage im Wirtshaus zu entheiligen.
Der Ruf des heiligen Priesters verbreitete sich ungeheuer. Von weit her kamen die Leute, um den Pfarrer zu sehen, von dem man sich so wunderliche Dinge erzählte. Viele fanden bei ihm Rat, Trost und Hilfe. Die Pilger kamen nicht nur aus Frankreich, sondern aus ganz Europa und sogar aus Amerika. Alle wollten bei dem Priester beichten, der erst nach langer Wartezeit die Erlaubnis erhalten hatte, Beichten zu hören. Oft kam es vor, dass Vianney in den letzten Jahren bis zu 16 Stunden täglich im Beichtstuhl saß. Mehr als einmal musste man ihn ohnmächtig heraustragen. Oft empfahl er seinen Gläubigen, sich der Mutter Gottes anzuvertrauen, gerade dann, wenn Schuld und Versagen sie belasteten: „Die Allerseligste Jungfrau steht zwischen ihrem Sohn und uns. Je sündiger wir sind, desto mehr Zärtlichkeit und Mitleid hat sie für uns. Das Kind, das seine Mutter die meisten Tränen gekostet hat, ist ihrem Herzen das teuerste. Läuft eine Mutter nicht

immer zum Schwächsten und Gefährdetsten? Hat ein Krankenhausarzt nicht mehr Aufmerksamkeit für die am schwersten Erkrankten?"
Eine besondere Liebe hegte der hl. Pfarrer von Ars für das Geheimnis der Eucharistie – Gott mitten unter uns – auf dem Altar als Opfer, im Tabernakel als stiller Freund, in der heiligen Kommunion als Speise zum wahren Leben: „Die Nahrung der Seele ist der Leib und das Blut eines Gottes! O schöne Nahrung! Die Seele kann sich nur von Gott ernähren! Nur Gott kann sie erfüllen! Nur Gott kann ihren Hunger stillen! Sie braucht ihren Gott absolut! Geht also zur Kommunion, geht mit Liebe und Vertrauen zu Jesus!" Der heilige Joannes Maria war von dieser Liebe zu Jesus entzündet. Er wollte, dass dieser Funke überspringt und andere Herzen entflammt: „Dich kennen heißt: dich lieben … Wenn wir wüssten, wie unser Herr uns liebt, würden wir vor Freude darüber sterben! Ich glaube nicht, dass es Herzen gibt, die so hart sind, dass sie nicht lieben, wenn sie sich so sehr geliebt sehen … Die Liebe ist so schön! Sie fließt aus dem Herzen Jesu, der ganz Liebe ist … Das einzige Glück, das wir auf Erden haben, besteht darin, Gott zu lieben und zu wissen, dass Gott uns liebt …"
Die unglaublichen pastoralen Erfolge bezahlte der Pfarrer mit seinen Leiden. Der Teufel beunruhigte und quälte ihn ganz offen. Schwere Anfeindungen und Verleumdungen versuchten den guten Ruf des Priesters zu untergraben. Außerdem musste er die übergroße Verehrung ertragen. Die Leute schnitten ihm Stücke aus seinem Talar, um Andenken zu haben, und klauten ihm aus demselben Grund sein Brevier. Zu seinem großen Ärger ernannte ihn der Bischof zum Ehrendomherrn. Das violette Mäntelchen

verkaufte er sofort, um das Geld den Armen zu geben. Genauso belastete ihn seine Erhebung zum Ritter der Ehrenlegion durch Kaiser Napoleon III. „Das alles macht mir Furcht“, klagte er einmal. „Kommt der Tod, und ich stelle mich mit diesen Nichtigkeiten vor, was dann, wenn Gott mir sagt: Scher dich fort, du hast deinen Lohn schon erhalten?“ Gott und seine Mutter aber werden den armen Dorfpriester, der am 4. August 1859 seine Augen für diese Erde schloss, mit großer Freude empfangen haben, um ihm seine Mühen reichlich zu vergelten.

Häufiges Stoßgebet des hl. Pfarrers von Ars

O unbefleckte Jungfrau,
Du erlangst bei Gott alles, was Du willst!

9. Novenentag

Maria –
Die Königin des Himmels

Vorbereitungsgebet zum Heiligen Geist

Atme in mir, Du Heiliger Geist,
dass ich Heiliges denke.
Treibe mich, Du Heiliger Geist,
dass ich Heiliges tue.
Locke mich, Du Heiliger Geist,
dass ich Heiliges liebe.
Stärke mich, Du Heiliger Geist,
dass ich das Heilige hüte.
Hüte mich, Du Heiliger Geist,
dass ich es nimmermehr verliere. Amen.

Schriftlesung

Aufnahme und Krönung Mariens im Himmel

Der Tempel Gottes im Himmel wurde geöffnet, und in seinem Tempel wurde die Lade seines Bundes sichtbar. Dann erschien ein großes Zeichen am Himmel: eine Frau mit der Sonne bekleidet; der Mond war unter ihren Füßen, und ein Kranz von zwölf Sternen auf ihrem Haupt.

Ein anderes Zeichen erschien am Himmel: Ein Drache, groß und feuerrot, mit sieben Köpfen und zehn Hörnern und mit sieben Diademen auf seinen Köpfen.
Und die Frau gebar ein Kind, einen Sohn, der über alle Völker mit eisernem Zepter herrschen wird. Und ihr Kind wurde zu Gott und zu seinem Thron entrückt. Der Drache wurde auf die Erde gestürzt, und mit ihm wurden seine Engel hinab geworfen. Da geriet der Drache in Zorn über die Frau, und er ging fort, um Krieg zu führen mit ihren übrigen Nachkommen, die den Geboten Gottes gehorchen und an dem Zeugnis für Jesus festhalten.
(Offb 11,19a; 12,1-5; 9bf.;17)

Gedanken zur Betrachtung

Vielleicht war der Apostel Johannes, in dessen Haus die Gottesmutter lebte, der einzige Zeuge ihres seligen Heimgangs. In den Visionen der Apokalypse, dem letzten Buch der Heiligen Schrift, durfte er sie als die herrlich verklärte, strahlende Frau schauen.
Maria, die Sündenlose, die frei war von der Erbschuld und all ihren Folgen. Sie musste Tod, Grab und Verwesung nicht schauen. Als Pius XII. 1950 das Dogma von der leiblichen Aufnahme Mariens in den Himmel definiert hat, ließ er bewusst die Frage offen, ob sie gestorben ist oder nicht. Sie – so dürfen wir also glauben – die im ersten Moment ihrer menschlichen Existenz von der Sünde bewahrt wurde, sollte auch im letzten ihres irdischen Lebens deren Frucht, den Tod, die Trennung der Seele vom Leib, nicht erleiden. Weil Jesus gestorben ist, musste sie – die Ersterlöste – nicht sterben. Weil sie mit ihm auf Golgotha gelitten hat und dort zur „Königin

der Märtyrer" wurde, war ihr Abschied von dieser Welt nichts anderes als ein glückseliger Heimgang ohne Furcht und Schmerzen. Ihr Leib, der Gott geboren und genährt hatte, sollte schon vor dem Jüngsten Tag, an dem die Leiber aller Verstorbenen auferstehen, verklärt und verherrlicht werden. So hat ihr göttlicher Sohn Maria nach Vollendung ihres irdischen Lebenslaufs mit Leib und Seele in den Himmel aufgenommen und voll Freude in seine Arme geschlossen. Die mit der Sonne bekleidete Frau ist das erste und vornehmste Glied der Kirche, das schon zur Vollendung gelangt ist; sie ist die strahlende Siegerin über Sünde, Tod und Teufel, die der pilgernden Kirche als das „große Zeichen" auf ihrem Weg voranleuchtet!

Welche Seligkeit mag es für Maria bedeuten, in der Herrlichkeit mit Christus vereint zu sein? Für immer ist sie nun mit ihm vereint. Welcher Jubel der Engel, als die Mutter ihres Gottes in den Himmel einzog? Denn sie, die heiligen Engel, beten Gottes Demut an, der aus einer Frau geboren wurde (vgl. Gal 4,4) um Mensch – nicht Engel! – zu werden. Welches Staunen der seligen Patriarchen und Propheten, als Christus seine Mutter zu seinem himmlischen Thron führt und sie zur Königin aller Heiligen krönt. Herrlicher als alle Engel, schöner als die Sonne, unwandelbar in ihrem Glanz thront Maria an der Seite ihres Sohnes.

Doch auch in ihrer Herrlichkeit hört die allerseligste Jungfrau nicht auf, die Mutter ihrer irdischen Kinder zu sein und für sie zu sorgen. Als Königin im Reiche ihres Sohnes gebraucht sie ihre Macht, um ihren Kindern in allen Nöten beizustehen. Vom Himmel aus greift sie in den Kampf ein, den der Drache mit ihren Nachkommen

führt, und erweist sich immer wieder als die Frau, die ihm den Kopf zertritt. Sie ist die Siegerin über Sünde und Tod. Auch im letzten Buch der Bibel wird dieser Triumph Mariens, der schon auf den ersten Seiten der Hl. Schrift verheißen ist, genannt. Die im Glanz der Sonne strahlende Frau steht auf dem Zeichen des Feindes, das sich stets wandelnde Gestirn der Nacht. „Diese Frau hat unter ihren Füßen den Mond, Symbol des Todes und der Sterblichkeit. Maria ist nämlich ganz in den Sieg Jesu Christi, ihres Sohnes, über die Sünde und den Tod hineingenommen; sie ist frei von jedem Schatten des Todes und strömt über von Leben. Wie der Tod über den auferstandenen Jesus keine Macht mehr hat (vgl. *Röm* 6,9), so hat Maria ihn durch eine Gnade und ein einzigartiges Vorrecht des allmächtigen Gottes hinter sich gelassen, ihn überwunden. Doch auch ihr ganzes irdisches Leben ist ein Sieg über den Tod gewesen, da es sich voll und ganz im Dienst an Gott, in der vollständigen Selbsthingabe an ihn und an den Nächsten vollzogen hat. Deshalb ist Maria in und durch sich selbst ein Hymnus auf das Leben: sie ist das Geschöpf, in dem sich das Wort Christi bereits erfüllt hat: »Ich bin gekommen, damit sie das Leben haben, und es in Fülle haben« (*Joh* 10,10)“ (Papst Benedikt XVI., 8. Dezember 2011).
Maria ist das Siegeszeichen unserer Erlösung. Trotz aller Not, trotz aller Schwierigkeiten und Schwächen dürfen wir uns schon jetzt freuen und felsenfest auf den Sieg Mariens bauen, den sie uns auch 1917 in Fatima versprochen hat: „Am Ende wird mein Unbeflecktes Herz triumphieren!“

Gesätzchen vom Rosenkranz

... Jesus, der Dich, o Jungfrau, im Himmel gekrönt hat ...

Mit allen Engeln und Heiligen wollen wir uns freuen, dass Maria unsere Königin ist.

Gebet zur Mutter Gottes

Sei gegrüßt, o Königin, Mutter der Barmherzigkeit, unser Leben, unsre Wonne, unsere Hoffnung, sei gegrüßt!
Zu Dir rufen wir, verbannte Kinder Evas; zu Dir seufzen wir trauernd und weinend in diesem Tal der Tränen.
Wohlan denn, unsre Fürsprecherin, wende Deine barmherzigen Augen uns zu, und nach diesem Elend zeige uns Jesus, die gebenedeite Frucht Deines Leibes.
O gütige, o milde, o süße Jungfrau Maria!

Schlussgebet

Gott, Du hast die Mutter Deines Sohnes auch uns zur Mutter gegeben. Wir ehren sie als unsere Königin und vertrauen auf ihre Fürsprache. Lass uns im himmlischen Reich, in das du die selige Jungfrau Maria mit Leib und Seele erhoben hast, an der Herrlichkeit deiner Kinder teilhaben. Darum bitten wir durch Jesus Christus, deinen Sohn, unseren Herrn und Gott, der in der Einheit des Heiligen Geistes mit Dir lebt und herrscht in alle Ewigkeit. Amen.

Geistliche Lesestücke für die Tage der Novene

zum 9. Novenentag

Aus dem Goldenen Buch

Die Heiligen werden in Maria geformt

Heiligkeit ist für einen Christen nicht das Außergewöhnliche, sondern eigentlich das Normale. „Seid vollkommen, wie euer Vater im Himmel vollkommen ist!" (Mt 5,48) – Das will Jesus von uns. Heilig zu werden bedeutet, Christus ähnlich zu werden. Maria hat unter der Überschattung des Heiligen Geistes in ihrem Schoß den Gottmenschen Jesus Christus geformt und ist ihm in ihrem sündenlosen Leben vollkommen ähnlich geworden. Wenn wir uns ihr übergeben, formt sie uns schneller, leichter und besser als irgendjemand sonst zu dem Bild ihres Sohnes. Sie erzieht und bildet die Heiligen heran, wie die Vielzahl der großen Gestalten der Kirche beweist: Keiner ist unter ihnen, der Maria nicht zu seiner Mutter und Königin erwählt hätte!

Bewusst gebrauche ich den Ausdruck: die Heiligen werden in Maria geformt. Es ist nämlich ein großer Unterschied, ob man eine Statue mit Hammer und Meißel aus dem Stein haut, oder sie einfach in einer Form abgießt. Die Bildhauer haben viel Arbeit und brauchen lange, um eine Statue auf erstere Art herzustellen; beim zweiten Verfahren aber haben sie nicht viel Arbeit damit und brauchen wenig Zeit. In einem kühnen Bild nennt der heilige Augustinus Maria die Gussform Gottes: „Würdig bist du, Gottes Form genannt zu werden." Wer in diese göttliche Gussform geworfen wird, ist bald in Jesus Christus gebildet und geformt, und in kurzer Zeit wird er vergöttlicht, weil er in der gleichen Form gegossen wird, die einen Gott geformt hat.

Jene Seelenführer und Frommen, die Jesus Christus in sich selbst oder in anderen durch andere Übungen als diese bilden wollen, möchte ich mit Bildhauern vergleichen, die auf ihre Technik, ihren Fleiß und ihre Kunst vertrauen und einem harten Stein unzählige Hammerschläge versetzen oder ein schlecht poliertes Holz unzählige Male mit dem Schnitzmesser bearbeiten, um das Bild Jesu Christi daraus erstehen zu lassen. Oft gelingt es ihnen nicht, die Ähnlichkeit mit Jesus Christus herauszuarbeiten, sei es, weil sie nicht die Kenntnis und Erfahrung der Person Christi besitzen, sei es, weil ein schlecht geführter Schlag das Werk verdirbt. Aber wer sich das Geheimnis der Gnade zu eigen macht, das ich kundtue, den vergleiche ich passend mit einem Gießer, der die schöne Form Mariens gefunden hat, in der Jesus Christus als Gottmensch gebildet wurde. Er verlässt sich nicht auf sein eigenes Können, sondern einzig auf die Güte der Gussform, und so gießt und versenkt er sich in Maria, um in ihr ein treues Abbild Jesu Christi zu werden.

(Ludwig Maria Grignion, Die vollkommene Hingabe an Jesus durch Maria VII)

Aus dem Leben der Heiligen

Die Seligen von Fatima – Jacinta und Francesco

Es war zweifellos eine ungewöhnliche Seligsprechung, als der hl. Papst Johannes Paul II. am 13. Mai des Heiligen Jahres 2000 die Seherkinder von Fatima, Jacinta und Francesco, zur Ehre der Altäre erhoben hat. Unverzichtbare Bedingung jeder Heilig- und Seligsprechung ist der heroische Tugendgrad eines Dieners Gottes, der weit über das normale Leben eines Christen hinausragt. Ein langwieriger Prozess auf Diözesanebene und in Rom muss feststellen, dass der neue Selige heldenhaft die göttlichen Tugenden des Glaubens, der Hoffnung und vor allem der Liebe gelebt hat und sich in den vier Kardinaltugenden der Klugheit, der Gerechtigkeit, der Tapferkeit und des Maßes in hervorragender Weise ausgezeichnet hat. Das Martyrium galt in der Kirche schon immer als sicherer Beweis des heroischen Tugendgrades, aber wie sollten zwei unmündige Kinder, die nach einem kurzen, armen Leben mit zehn bzw. elf Jahren gestorben sind, diese heldenhafte Stufe der Heiligkeit erreicht haben? Sicherlich können Kinder als gute Christen leben, sicherlich können sie ihre Altersgenossen übertreffen an beispielhafter Frömmigkeit und Nächstenliebe, aber ist es denkbar, dass sie jenen Grad des Tugendlebens erreichen, der sie als heroische Gestalten und leuchtende Beispiele neben die Märtyrer und Heiligen stellt? Die Seligsprechung von Jacinta und Francesco will all die Einwände entkräften, dass kleine Kinder mit der Gnade Gottes nicht Außergewöhnliches leisten könnten, und einen

Grad heldenhafter Heiligkeit erreichen, der vielen anderen erst nach Jahren treuer Tugendübung geschenkt wird. Die seligen Kinder von Fatima sind ein Appell an alle Christen, dass jeder den steilen Weg der Nachfolge Christi gehen kann, dass jeder aufgerufen ist, den Spuren Jesu großmütig zu folgen – an der Hand Mariens, die alle Menschen zur Vollkommenheit führen will.
Das Jahr 1917, indem die Mutter Gottes drei Hirtenkindern in Fatima erscheinen wollte, steht in einem größeren geschichtlichen Zusammenhang, als man vielleicht auf den ersten Blick vermuten mag, und deutet somit bereits die weltkirchliche Dimension der Botschaften von Fatima an, die ein Appell an die Welt sein wollen, ernst zu machen mit dem Ruf des Evangeliums: „Kehrt um, denn das Himmelreich ist nahe!" (Mt 3,2) Seit Beginn der Neuzeit hatte sich der Mensch immer weiter von Gott, von Christus und der Kirche entfernt: 1517 – Das Jahr der Thesenanschläge Luthers und Beginn der Reformation, die die Einheit der abendländischen Christenheit spalten und den Gläubigen aus der Heilsgemeinschaft der Kirche lösen sollte. 1717 – Das Jahr der Gründung der Freimaurerei, die sich im Zuge der Aufklärung gegen eine göttliche Offenbarung und den Absolutheitsanspruch Christi, der universale Erlöser aller Menschen zu sein, stellte. Das Bekenntnis zum großen Weltenbaumeister, verbunden mit dem Aufruf zur Humanität, ersetzte das christliche Credo, das Gebetsleben und die Frömmigkeit. Und schließlich 1917 – Das Jahr der russischen Oktoberrevolution und der Beginn des staatlich verordneten Atheismus, der mit der Leugnung eines übernatürlichen Wesens nicht nur Christus und Seine Kirche verneinte, sondern grundsätzlich die Existenz Gottes bestritt. „Religion als

Opium für das Volk" sollte von nun an bekämpft und stattdessen der reine Materialismus propagiert werden, der gemäß der Ideologie des Kommunismus nach der Phase des Klassenkampfes zwischen Arbeitern und Kapitalisten Freiheit, Gerechtigkeit und Frieden garantieren sollte: ein irdisches Paradies ohne Gott, ohne Christus und ohne die Kirche.
Und gerade in diesem Schicksalsjahr 1917, in dem sich im Osten Europas der letzte und größte Bruch mit dem christlichen Abendland ereignen sollte, öffnet sich über dem äußersten Westen des Kontinents der Himmel, um seine Strategie des Friedens zu verkünden.
Am 13. Mai 1917 erschien die Mutter Gottes zum ersten Mal den beiden Geschwistern Jacinta und Francesco und ihrer Cousine Lucia in der Cova da Iria, nahe dem portugiesischen Ort Fatima. Während Lucia allein mit der wunderbaren Erscheinung gesprochen hat, konnte Francesco sie nur sehen, Jacinta sie aber auch hören. Nicht mit Gewalt und Klassenkampf, nicht mit liberaler Politik und kurzsichtigen humanitären Aktionen will der Himmel sein Friedensprogramm verwirklichen. Maria blickt tiefer und sieht die wahre Not der Menschen, die von der Sünde und der Abkehr von Gott kommt. Deshalb startet sie in Fatima ihr Gegenprogramm zur Rettung der Welt durch Gebet, Sühne und liebende Wiedergutmachung. Nicht mächtige Staatsmänner lädt sie dazu ein, sondern unmündige, ungebildete Kinder: „Wollt ihr euch Gott schenken, bereit alle Leiden anzunehmen, die er euch schicken wird, um die Sünden wiedergutzumachen, durch die er beleidigt worden ist, und die Bekehrung der Sünder zu erlangen?" Sofort antwortet Lucia im Namen aller drei: „O ja, das wollen wir!"

Das Schauen der Gottesmutter, das sich in den kommenden sechs Monaten regelmäßig wiederholte, veränderte das Leben der Kinder schlagartig und nachhaltig. Maria hatte sie erwählt, in besonderer Weise ihre Freunde und Verbündeten zu sein, und die drei Kinder antworteten in großmütiger Weise auf die Bitten der Gottesmutter nach Gebet und Buße. Hochherzig begannen sie, Tag für Tag den Rosenkranz zu beten, zu fasten und selbst in der sengenden Hitze beim Weiden der Schafe darauf zu verzichten, ihren Durst zu stillen. Standhaft blieben sie auch gegenüber den Beschimpfungen aus den Reihen der eigenen Familie und der Dorfbewohner, die die Kinder natürlich für Phantasten hielten, als sie von ihren Erscheinungen erzählten. Aber auch als sie ins Gefängnis geworfen wurden und man ihnen Angst zu machen suchte, um sie einzuschüchtern, blieben sie dem, was sie gesehen hatten, treu: Eine wunderschöne Dame in weißem Kleid habe sie gebeten, jeden Monat in die Cova da Iria zu kommen. Im Oktober werde sie sagen, wer sie sei, und ein Wunder wirken, das alle sehen könnten.

Schon bei der zweiten Erscheinung am 13. Juni kündigte Maria den beiden Seligen ihren frühen Tod an: „Ich werde bald kommen und Francisco und Jacinta holen." Dieses „bald" aber erschreckte die Kinder nicht, sondern ermutigte sie zu einer immer größeren Liebe gegenüber Jesus und Maria, genährt von der Vorfreude, die schöne Dame und ihren Sohn im Himmel immerfort schauen zu dürfen.

Am 13. Juli mutet die schöne Dame den drei Hirtenkindern eine Vision zu, die uns vielleicht für Kinderaugen völlig ungeeignet scheint: Lucia, Francesco und Jacinta schauen die Hölle, in der die Verdammten zwischen

Rauch- und Feuersäulen hin- und hergeworfen werden, ohne ihren Qualen entrinnen zu können. Bilder des Schreckens, die die letzte und bleibende Konsequenz der Verneinung Gottes bedeuten. Das furchtbare Wort von der Realität der Hölle darf nicht verschwiegen werden, denn es macht die frohe Botschaft des Christentums erst in seiner ganzen Tiefe deutlich und verständlich: Christus ist gekommen, um die Sünder zu retten. Und Maria erscheint in Fatima, um uns an die großen Wahrheiten des Evangeliums zu erinnern, umzukehren von Wegen, die ins Verderben führen, und Zuflucht bei ihr zu suchen. „Gott will die Verehrung meines Unbefleckten Herzens begründen, um die Welt zu retten!"

Endlich kam der 13. Oktober 1917. Tausende von Menschen hatten sich in der Cova da Iria zusammengefunden, um der letzten Erscheinung beizuwohnen und vor allen Dingen das Wunder zu sehen, das Maria angekündigt hätte. Tatsächlich zeigte sich die wunderschöne Dame den drei Kindern und sagte, dass sie die Königin des Rosenkranzes sei. Dann begann, nicht nur für alle Anwesenden, sondern selbst für viele Beobachter in einem weiten Umkreis von 50 km, ein bisher nie dagewesenes Schauspiel, das Zeichen, das Maria als Bestätigung der Echtheit der Erscheinungen versprochen hatte: Die Sonne begann sich zu drehen, zu tanzen und bunte Farben zu versprühen, um dann wieder für einige Augenblicke stille zu stehen. Beim dritten Mal aber schien es, dass sich der sich wild drehende Himmelskörper vom Firmament zu lösen und auf die Erde zu stürzen schien. Mit lautem Schreien, innigen Stoßgebeten und angsterfüllten Rufen stürzte die Menge zu Boden. Der unausweichliche Tod schien gekommen. Plötzlich aber hielt die Sonne in ihrem scheinbaren Fall an und kehrte zurück an ihren Platz. Ein Aufatmen ging durch die Masse der Menschen. Die Gottesmutter hatte gezeigt, dass sie es war, die die drei Kinder Monat für Monat in die Cova da Iria gerufen hatte und durch das faszinierende und doch auch erschreckende Sonnenwunder die Botschaft unterstrichen, die sie der Welt mitteilen wollte: „Betet alle Tage den Rosenkranz und hört auf, den Herrn zu beleidigen, der schon so viel beleidigt worden ist.“ Es ist die Sünde des Menschen, die den Himmel verdunkelt und die Welt ins Unglück stürzt; dem treuen und kindlichen Beten aber gilt die Verheißung, die Maria in Fatima der Menschheit gegeben hat: „Am Ende wird mein unbeflecktes Herz triumphieren!“

Schon im Dezember 1918 erkrankte der selige Francesco an der sogenannten Spanischen Grippe, und es zeigte sich, dass sich die Prophezeiung Mariens bald erfüllen werde, ihn in den Himmel zu holen. Francesco hatte ein schweres Leiden durchzumachen, das ihn ans Bett fesselte und langsam dahinsiechen ließ. Dennoch verzweifelte er nicht, sondern sah im geduldigen Ertragen seiner Krankheit eine Möglichkeit, das Leiden Jesu zu teilen, ihm seine kindliche Liebe zu beweisen und ihn so zu trösten. Das ist ja der Kerngedanke christlicher Sühne: nicht blinde Selbstkasteiung, nicht übertriebene und oft in Eitelkeit umschlagende Askese, nicht depressiver Fatalismus und passive Ergebung in ein unausweichliches Schicksal, sondern ein aus der Liebe kommendes freudiges „Ja“ zum Willen Gottes, das aus seiner Hand Gutes und Schweres gerne annimmt und gerade im Leiden eine wirkliche Vereinigung mit Jesus erkennt, der für die Menschen so viel gelitten hat. Leiden und Lieben mit ihm, dem Heiland der Welt, heißt, sein Kreuz leichter machen und zu ersetzen, was andere dem Herrn verweigern. Francesco hat die große christliche Wahrheit erkannt, dass die Glieder der Kirche füreinander eintreten, beten, genugtun und sühnen dürfen, wenn sie mit ihrem Haupt, Jesus Christus, verbunden bleiben. In seinem kindlichen Wunsch, durch Gebet und Leiden, den Heiland „trösten" zu wollen, hat Francesco das geheimnisvolle Wort des Apostels Paulus erfüllt: „Jetzt freue ich mich in den Leiden, die ich für euch ertrage. Für den Leib Christi, die Kirche, ergänze ich in meinem irdischen Leben das, was an den Leiden Christi noch fehlt" (Kol 1,24).

Am 3. April 1919 empfing der Selige von Fatima zum ersten Mal die heilige Kommunion, den „verborgenen Jesus", wie Francesco oft den eucharistischen Herrn im Tabernakel genannt hatte. Am folgenden Tag, einem Freitag, sagte er plötzlich: „Siehe da, was für ein schönes Licht an der Tür!" Maria war gekommen, ihr Kind in den Himmel zu holen.

Schon bald nach Francesco erkrankte auch Jacinta an der Grippe. Mit erstaunlicher Unerschrockenheit und großer Klarheit erkennt auch sie, dass sie bald sterben musste, aber noch viel leiden würde. So sagt sie zu ihrer Cousine Lucia: „Die Muttergottes hat mir gesagt, ich käme in ein Spital nach Lissabon; ich würde meine Eltern nicht mehr sehen und, nachdem ich viel gelitten hätte, würde ich ganz allein sterben; doch sollte ich keine Angst haben, sie würde mich in den Himmel holen." Tatsächlich brachte man sie im Januar 1920 wegen einer eitrigen Rippenfellentzündung nach Lissabon, um sie dort zu operieren. Schier unerträglich waren die Schmerzen, so dass sich das Mädchen immer wieder selbst Mut zusprechen musste:

„Geduld! Ein jeder muss leiden, um in den Himmel zu kommen!"
Jacinta hatte verstanden, dass die Erscheinungen Mariens in Fatima an die ewigen Wahrheiten erinnern wollten, durch die der Mensch gerettet und glücklich wird. Deshalb sagt das Mädchen noch auf seinem Sterbebett: „Ach, wenn die Menschen doch wüssten, was die Ewigkeit ist; dann würden sie alles tun, um ihr Leben zu ändern!"
Wenn Jacinta auch einsam und getrennt von ihrer Familie in Lissabon leiden musste, so wusste sich das Mädchen dennoch geborgen bei ihrer himmlischen Mutter Maria. Am 17. Februar sah sie die wunderschöne Dame, die ihr einst in der Cova da Iria erschienen war, zum letzten Mal, um dem Mädchen das baldige Ende ihrer Leiden anzukündigen. Am Freitag, den 20. Februar 1917 verstarb Jacinta.
Man könnte vielleicht meinen, dass die Seligsprechung zweier Menschen, die die Muttergottes schauen durften, etwas Selbstverständliches sei, ja eine fast logische Konsequenz, so als ob der Anerkennung von Marienerscheinungen immer auch die öffentliche kirchliche Verehrung der Seher folgen müsste. Maria ist den Hirtenkindern von Fatima nicht erschienen, um diese drei besonders auszuzeichnen, um sie hervorzuheben und durch wunderbare Ereignisse ihre Heiligkeit zu bezeugen. Nein, Heilige sind Francesco und Jacinta geworden, weil sie in außergewöhnlicher Weise dem Ruf der Gnade gefolgt sind, weil sie ein unbedingtes „Ja" zu den Bitten Mariens gesagt haben und sich von ihr – auch unter vielen Leiden und Prüfungen – formen ließen. Wenn auch nicht jedem Menschen eine Erscheinung Mariens zuteil wird, wenn auch nicht jeder auf Botschaften eines Engels hoffen

kann, so gilt doch, dass Gott keinem seine Gnade verweigert und der Herr jeden ruft, ihm nachzufolgen.
Fatima ist der dringende Appell des Himmels, dem Ruf zur Heiligkeit großmütig zu antworten, und Tag für Tag, Schritt für Schritt an der Hand Mariens den steilen Pfad zu beschreiten, der zum Leben führt. Die seligen Kinder sind uns diesen Weg vorausgegangen, der ihnen nicht zu schwer und mühevoll erschien, weil in ihnen die Liebe zu Jesus und Maria lebendig war. Die Botschaft der Seligen Francesco und Jacinta ist es, dass die Liebe das oft so drückend und hart erscheinende Leben in der Nachfolge Christi, Gebet und Buße, „kinderleicht" macht. Es sind immer wieder die Heiligen, die sichtbar machen, was Thomas von Kempen in der „Nachfolge Christi" beschreibt: „Die Liebe kennt oft kein Maß, sondern sie gerät über alle Maßen in Glut. Die Liebe fühlt keine Last, scheut keine Mühe, erstrebt mehr als sie vermag, schützt keine Unmöglichkeit vor, weil sie glaubt, ihr sei alles möglich und gestattet. Ist sie erschöpft, so erschlafft sie nicht; ist sie in Not, so fühlt sie sich nicht bedrängt; ist sie erschreckt, gerät sie nicht in Verwirrung. Wer liebt, kennt den Klang dieser Worte: Mein Gott, meine Liebe! Du bist ganz mein, und ich ganz dein."

Gebet zur Mutter Gottes

O Tempel Gottes auserwählt,
drin Himmel sich und Erd vermählt,
in den der König Einzug hält,
um zu erlösen alle Welt.

Der Dich als Herr schuf unversehrt,
hat Dir als Bräutigam verehrt
der Tugendfülle Brautgeschmeid,
als Sohn zur Mutter Dich geweiht.

Des Schöpfers reinstes Spiegelbild,
von seiner Schönheit ganz erfüllt,
Sitz seiner Weisheit, seiner Kraft,
und seiner Lieb, die Rettung schafft.

Der duftend Rose gilt mein Sang,
dem Turm, den nie ein Feind bezwang,
der Röte, die den Tag gebiert,
der Pforte, die zum Himmel führt.

Du Allerreinste, mach uns rein!
Du Gütigste, lass gut uns sein!
Du Opferstarke, gib Geduld,
Erfleh uns Sündern Gottes Huld!
Amen.

Der Tag der Marienweihe

Maria – Meine Mutter, Königin und Fürsprecherin

Der Tag der Marienweihe soll einen festlich-fröhlichen Charakter haben. Nach Möglichkeit soll man die hl. Messe besuchen und die hl. Kommunion empfangen, um anschließend das Weihegebet zu sprechen. Es ist sehr sinnvoll, den Weihetext abzuschreiben und nach der Weihe zu unterzeichnen.
Wichtig ist es auch, mit der Weihe an die Muttergottes konkrete Vorsätze für die Zukunft zu verbinden. Darunter sollten auch folgende fünf enthalten sein:

1. Täglich den Rosenkranz (oder wenigstens ein Gesätzchen) zu beten, wie es die Muttergottes in Fatima so sehr gewünscht hat.
2. Mit Entschiedenheit die Sünde zu meiden und regelmäßig, wenn möglich monatlich, zu beichten.
3. Am ersten Samstag jeden Monats die Marienweihe zu erneuern.
4. Vertrauensvoll die Wunderbare Medaille oder das Skapulier als äußeres Zeichen der Hingabe an die Muttergottes zu tragen.

5. Nach Kräften die Verehrung der Gottesmutter zu mehren, um so viele Menschen durch Maria zu Christus zu führen.

Vorbereitungsgebet zum Heiligen Geist

Komm, Schöpfer Geist, kehr bei uns ein,
besuch das Herz der Kinder dein:
erfülle nun mit deiner Gnad.
die deine Macht erschaffen hat.

Der du der Tröster wirst genannt,
vom höchsten Gott ein Gnadenpfand,
du Lebensbrunn, Licht, Lieb und Glut,
der Seele Salbung, höchstes Gut.

O Schatz, der siebenfältig ziert,
o Finger Gottes, der uns führt,
Geschenk vom Vater zugesagt,
du, der die Zungen reden macht.

Entzünd in uns des Lichtes Schein,
gieß Liebe in die Herzen ein,
stärk unsres Leibs Gebrechlichkeit
mit deiner Kraft zu jeder Zeit.

Treib weit von uns des Feinds Gewalt,
in deinem Frieden uns erhalt,
dass wir, geführt von deinem Licht,
in Sünd und Elend fallen nicht.

Den Vater auf dem ewgen Thron
lehr uns erkennen und den Sohn;
dich, beider Geist, sei'n wir bereit
zu preisen gläubig allezeit.

Schriftlesung

Auf den Händen Mariens in Gottes Heiligtum

Dann kam für sie der Tag der vom Gesetz des Moses vorgeschriebenen Reinigung. Sie brachten das Kind nach Jerusalem hinauf, um es dem Herrn zu weihen, gemäß dem Gesetz des Herrn, in dem es heißt: Jede männliche Erstgeburt soll dem Herrn geweiht sein. Auch wollten sie ihr Opfer darbringen, wie es das Gesetz des Herrn vorschreibt: ein Paar Turteltauben oder zwei junge Tauben.
In Jerusalem lebte damals ein Mann namens Simeon. Er war gerecht und fromm und wartete auf die Rettung Israels, und der Heilige Geist ruhte auf ihm. Jetzt wurde er vom Geist in den Tempel geführt, und als die Eltern Jesus hereinbrachten, um zu erfüllen, was nach dem Gesetz üblich war, nahm Simeon das Kind in seine Arme und pries Gott mit den Worten: „Meine Augen haben das Heil gesehen, das du vor allen Völkern bereitet hast, ein Licht, das die Heiden erleuchtet und Herrlichkeit für dein Volk Israel!"
Sein Vater und seine Mutter staunten über die Worte, die über Jesus gesagt wurden. Und Simeon segnete sie und sagte zu Maria, der Mutter Jesu: „Dieser ist dazu bestimmt, dass in Israel viele durch ihn zu Fall kommen

und viele aufgerichtet werden, und er wird ein Zeichen sein, dem widersprochen wird. Dir selbst aber wird ein Schwert durch die Seele dringen, auf dass die Gedanken vieler offenbar werden.“ (Lk 2,22-25.27-28.30-35)

Gedanken zur Betrachtung

Die Zeit war gekommen, Jesus in den Tempel zu bringen, um ihm dem Herrn zu weihen. Auf den Armen seiner Mutter Maria besucht Christus zum ersten Mal das Jerusalemer Heiligtum. Obwohl er als wahrer und ewiger Gott der Herr des Tempels ist, lässt er sich doch als schwacher Säugling in den heiligen Bezirk tragen, um das Gesetz des Moses zu erfüllen. Wie die unzähligen Opfertiere, die nur ein Symbol und Vorausbild der Heilstat Christi sind, so kommt der Messias als das unschuldige Lamm, das geschlachtet werden soll für die Rettung der Menschen. „Darum spricht Christus bei seinem Eintritt in die Welt: Schlacht- und Speiseopfer hast du nicht gefordert, doch einen Leib hast du mir gegeben; an Brand- und Sündopfern hast du kein Gefallen. Da sagte ich: ja ich komme – so steht es über mich in der Schriftrolle, um deinen Willen, Gott, zu tun.“ (Hebr 10,5-7)
Maria trägt das Opferlamm in den Tempel, um es dem Herrn zu weihen. Und das harte Wort des greisen Simeon von einem Schwert, das ihre Seele durchbohren wird, lässt sie ahnen, dass ihr Sohn Jesus nicht der Messias ist, den sich viele Juden erwarten – ein strahlender Held, der mit militärischer Macht die Römer aus dem Land vertreibt –, sondern der leidende Gottesknecht, der die Sünden seines Volkes trägt und Leib und Leben opfert, um die Menschheit zu erlösen.

Maria hat das Jesuskind im Tempel zu Jerusalem dem Herrn geweiht. Auch uns will sie in den Tempel führen, in Gottes Heiligtum auf Erden, an den Ort seiner verborgenen Gegenwart, dorthin, wo sein immerwährendes Opfer gefeiert wird, dessen Schattenbilder die religiösen Zeremonien des mosaischen Gesetzes waren. Maria will uns zur Kirche führen, zu der einen heiligen und heilbringenden Gemeinschaft, die ihr Sohn auf Erden gestiftet hat. Und dort – inmitten der Kirche – will sie uns, wenn wir uns ihr ganz anvertrauen, gleichsam auf ihre Arme nehmen und emporhalten zu Gott, uns näher zu ihm führen und unser ganzes Sein und Leben ihm weihen.

Da wir als Christen den Namen des Messias tragen dürfen, besteht unsere große Aufgabe darin, ihm immer ähnlicher zu werden. Das ist unsere Berufung: Durch Maria zu Christus finden, an seiner Seite und in der Kraft des Heiligen Geistes mitarbeiten, mitbeten und mitleiden am Kommen seines Reiches. Wer sich Maria weiht, schenkt sich der Kirche, übergibt sein Leben in Gottes Hände und erklärt seine Bereitschaft, in der Nachfolge Christi sein Kreuz zu tragen und daran nicht Anstoß zu nehmen wie viele, die „durch ihn zu Fall kommen" (Lk 2,34).

Sich Maria zu weihen heißt, durch Maria im Heiligtum der Kirche sein ganzes Leben Gott zu schenken, seine Taufgelübde zu erneuern und die Worte Christi, die der Hebräerbrief dem Messias in den Mund legt, ehrlichen Herzens nachzusprechen: „Ja, ich komme, um deinen Willen, Gott, zu tun!" (Hebr 10,7)

Gesätzchen vom Rosenkranz

… Jesus, den du, o Jungfrau, im Tempel aufgeopfert hast …

Wir bitten Maria, unsere Weihe und Ganzhingabe anzunehmen, damit wir durch sie ihrem Sohne immer ähnlicher werden.

Hymnus zur Weihevorbereitung „Ave maris stella"

Meerstern, ich Dich grüße,
Mutter Gottes, süße,
allzeit Jungfrau, reine,
Himmelspfort alleine!

Ave klang die Kunde
aus des Engels Munde,
uns den Frieden spende,
Evas Namen wende.[1]

Lös das Band der Sünden,
spende Licht den Blinden,
allem Bösen wehre,
alles Gut begehre.

---

[1] Wortspiel: AVE – EVA: EVA brachte den Tod; Maria, als sie das AVE des Engels hörte und Ja sagte, das Leben!

Dich als Mutter zeige,
dass durch Dich sich neige,
unserm Flehn auf Erden,
der Dein Sohn wollt werden.

Jungfrau auserkoren,
mild und rein geboren,
uns von Schuld befreie,
Keuschheit uns verleihe.

Gib ein reines Leben,
mach den Weg uns eben,
dass in Himmelshöhen
froh wir Jesus sehen.

Vater, ich Dich ehre,
Sohn, Dein Lob ich mehre,
beider Geist ich preise,
drei auf gleiche Weise.
Amen.

Weihegebet

Ich grüße Dich Maria, Unbefleckte, lebendiger Tabernakel der Gottheit! In Dir verborgen will das ewige Wort von Engeln und Menschen angebetet sein.
Dich grüße ich, Königin des Himmels und der Erde. Deiner Herrschaft ist alles untertan, was unter Gott ist.
Ich grüße Dich, du sichere Zuflucht der Sünder. Dein Mitleid blieb noch keinem versagt.
So nimm darum die Gaben und Gelübde an, die ich Dir weihe, wenn ich auch arm und niedrig bin.

Ich, (Name), ein treuloser Sünder,
erneuere und bekräftige heute in Deine Hände meine Taufgelübde.
Für immer widersage ich dem Satan, seiner Pracht und seinen Werken.
Ich gebe mich ganz Jesus Christus hin, der menschgewordenen Weisheit, um mein Kreuz ihm nachzutragen alle Tage meines Lebens und ihm treuer zu sein, als ich es bisher war.
In Gegenwart des ganzen himmlischen Hofes, des hl. Josef, meines Namenspatrons und meines Schutzengels erwähle ich Dich heute, o Maria, zu meiner Mutter und Herrin.
Dir weihe und schenke ich als Dein Gut und Eigentum meinen Leib und meine Seele, all meinen äußeren und inneren Besitz, ja selbst den Wert all meiner guten Werke, der vergangenen, gegenwärtigen und zukünftigen.

Ganz und voll, ohne jede Ausnahme, sollst Du das Recht haben, über mich und all das Meine nach Deinem Gutdünken zu verfügen in Zeit und Ewigkeit zur größeren Ehre Gottes.

Nimm, gütigste Jungfrau, meine Ganzhingabe an, wenn sie auch nur geringen Wert hat. Von nun an will ich als Dein treuer Diener / als Deine treue Dienerin stets Deine Ehre suchen und Dir gehorsam sein in allen Dingen.
O wunderbare Mutter, bring Du mich Deinem lieben Sohn dar als sein ewig Eigen. Amen.

Erneuerung der Marienweihe an jedem ersten Samstag im Monat

Im Akt der Marienweihe haben wir uns ganz der Mutter Gottes anvertraut, um durch sie, dem schnellsten, sichersten und vollkommensten Weg, zu Christus zu finden und unser Leben nach seinem Wort zu gestalten. Das aber verlangt, dass wir Tag für Tag mit Maria den oft recht steilen Pfad der Nachfolge gehen, dass wir immer wieder neu ihre Hand ergreifen und sie bitten, uns zu führen. Die Erneuerung der Marienweihe an jedem ersten Samstag des Monats, evtl. verbunden mit einer guten Beichte und einer Zeit der Stille für das Gebet des Rosenkranzes, für Anbetung oder Schriftlesung und Betrachtung, kann eine Hilfe sein, auf dem geistlichen Weg nicht müde und gleichgültig zu werden, sondern entschieden voranzugehen: mit und durch Maria zu Jesus!

Sei gegrüßt, Du lebendiger Tempel der Gottheit!
Sei gegrüßt, Du makelloses Gewand dessen,
der in das Licht wie in einen Mantel sich hüllt!
Sei gegrüßt, Du Allerreinste, Du Gnadenvolle!
Sei gegrüßt, Du unbefleckte Mutter und Jungfrau!
Sei gegrüßt, Du Zierde des Menschengeschlechtes!
Sei gegrüßt, Du Ziel der ewigen Pläne Gottes!
Sei gegrüßt, Du Krone der Schöpfung!
Sei gegrüßt, Du ganz reiner, erhabener Gottesthron!
Sei gegrüßt, Du Quelle der Güter des Lebens,
Du Quelle der Gnade!

(Hl. Ephraim der Syrer, Kirchenlehrer, † 373)

Heilige Maria, Mutter Gottes und Jungfrau,
ich erwähle Dich heute zu meiner Gebieterin, Beschützerin und Fürsprecherin und nehme mir fest vor, Dich nie zu verlassen, nie etwas gegen Dich zu sagen oder zu tun noch zuzulassen, dass von anderen je etwas wider Deine Ehre geschieht. Ich bitte Dich daher, nimm mich an zu Deinem ewigen Diener, steh mir bei in allen meinen Handlungen und verlasse mich nicht in der Stunde meines Todes. Amen.

(Hl. Johannes Berchmans SJ, † 1621)

Weihegebet an die allerseligste Jungfrau Maria

Niemand kommt zum Vater außer durch den Sohn,
niemand kommt zu Christus außer durch Dich, o Maria.[1]
Niemand wird erhört, wenn Du nicht für ihn eintrittst,
und niemand empfängt Gnade und Heil,
wenn nicht durch Dich.[2]
So wie das Ewige Wort ganz Dein sein wollte,
um durch Dich in diese Welt zu treten,
so will auch ich ganz Dir gehören,
um durch Dich, Du Pforte des Himmels,
das ewige Leben zu finden.[3]

---

1 Leo XIII., *Octobri Mense*: „So wie der Mensch nicht zum Vater kommt außer durch den Sohn, so kommt der Mensch zu Christus nur durch seine Mutter."

2 Leo XIII., *Augustissimae Virginis Mariae:* „So groß ist ihre Würde, so groß ihr Wohlgefallen bei Gott, dass, wer auch immer in Not ist und sich nicht an sie wendet, jemandem gleicht, der ohne Flügel fliegen wollte."

3 Hl. Ludwig Maria Grignion de Montfort, *Die wahre Andacht zur allerseligsten Jungfrau Maria:* „Durch die allerseligste Jungfrau Maria ist

Daher erwähle ich Dich heute, o Maria,
zu meiner Mutter und Königin.
Dir übergebe ich mich selbst
als Dein ewiges Gut und Eigentum.
Lass meinen Namen
tief eingeschrieben sein in Dein Unbeflecktes Herz,
das niemals aufgehört hat
aus Liebe für Gott und für uns Menschen zu schlagen.[4]

Dir weihe und schenke ich mich
mit Leib und Seele,
mit meinem inneren und äußeren Besitz,
mit allem, was ich bin und habe.
Ja, selbst der Wert all meiner guten Werke,
der vergangenen, gegenwärtigen und zukünftigen,
soll allein Dir gehören.
Totus Tuus! – Ich bin ganz Dein, o Maria!

Nimm mich an, auch wenn ich ein armer Sünder bin,
als Dein Kind,
als Dein Diener,
als Deinen Besitz,
den Du beschützen und bewahren mögest.
Ohne jede Ausnahme sollst Du das Recht haben,
über mich und all das Meine

Jesus Christus in die Welt gekommen, durch Maria soll er auch in der Welt herrschen."

[4] Sel. John Henry Newman: „Wer könnte es verstehen, wenn der jungfräuliche Leib, der niemals sündigte, dem Tod der Sünder unterworfen werden sollte? Warum sollte Maria, die nicht in Adam gefallen war, Adams Geschick teilen?" Hl. Bonaventura, *Sent.III, d. 3 p. 1a. 1 q. 2:* „War die allerseligste Jungfrau von der Erbschuld frei, dann war sie auch dem Tode nicht unterworfen."

nach Deinem Gutdünken zu verfügen.

Lass mich in Deinen unbefleckten Händen
ein Werkzeug in dieser Welt sein,
das Du gebrauchen mögest, wie es Dir gefällt,
zu Gottes größerer Ehre und zum Heil der Seelen.
Denn, wo immer Du geliebt und verherrlicht wirst,
wächst Christi Ruhm und erblüht seine Kirche.[5]

O Maria,
erweise in meiner Schwachheit Deine Macht,
die Du als Zuflucht der Sünder
und Mittlerin aller Gnaden von Gott erhalten hast.[6]
Zeige Dich als Mutter und Retterin
und erbaue auch durch mich das Reich Deines Sohnes,
der herrschen soll als Herr und König.
Amen.

s. Gebetsbildchen S. 207

5 Hl. Ludwig Maria Grignion de Montfort, *Das Geheimnis Mariens:* „Wir müssen uns den Händen Mariens überlassen wie ein Werkzeug. Dann wird sie in uns, mit uns und durch uns wirken, wie es ihr gut dünkt zur größeren Ehre ihres Sohnes und durch den Sohn zur Ehre des Vaters."

6 Leo XIII., *Jucunda Semper:* „Der tiefste Grund, weshalb wir Mariens Schutz durch das Gebet gewinnen wollen, liegt ohne Zweifel in ihrem Amt als Vermittlerin der göttlichen Gnade. Immerdar verwaltet sie dieses Amt bei Gott, weil sie wegen ihrer Würde und ihrer Verdienste sein höchstes Wohlgefallen besitzt und an Macht alle Heiligen des Himmels weit übertrifft." Benedikt XVI. an die Marianische Männerkongregation Regensburg, 28. Mai 2011: „Katholisch sein heißt marianisch sein."

Der tägliche Rosenkranz

In Lourdes und Fatima hat die Mutter Gottes immer wieder um das häufige, ja tägliche Gebet des Rosenkranzes gebeten. Schon vor diesen bedeutenden Erscheinungen Mariens haben die Heiligen den Rosenkranz empfohlen. Auch die selige Mutter Teresa von Kalkutta etwa sagt, dass es kein Problem gebe, dass man nicht mit dem Rosenkranz in der Hand lösen könnte. Auch der heilige Ludwig Maria Grignion de Montfort hat eine kleine Schrift – „Der heilige Rosenkranz“ – über die Bedeutung dieses Gebets verfasst: Vor jedem Gesätzchen halte einen Augenblick inne, länger oder kürzer, je nachdem es dir die Zeit gestattet, erwäge das Geheimnis, das du im folgenden Zehner verehrst und erbitte immer durch dieses Geheimnis und die Fürbitte der Mutter aller Gnaden eine Tugend, die in dem Geheimnis am meisten hervorleuchtet, oder die du am notwendigsten hast. *Hüte dich vor allem vor den zwei gewöhnlichen Fehlern, welche fast alle Rosenkranzbeter begehen:* Der erste Fehler besteht darin, dass sie mit dem Rosenkranzgebet keine bestimmte Meinung verbinden, und wenn man sie dann fragt, wozu sie den Rosenkranz beten, können sie keine Antwort darauf geben. Habe deshalb immer, wenn du den Rosenkranz betest, einige Gnaden im Auge, die du erflehen, irgendeine Tugend, die du nachahmen, oder eine Sünde, die du ausrotten willst. Der zweite Fehler, den man gewöhnlich beim Beten des Rosenkranzes begeht, liegt darin, dass man beim Beginn keine andere Absicht hat, als möglichst bald damit fertig zu werden. Das kommt daher, das man den Rosenkranz als eine Bürde empfindet, die schwer auf den Schultern lastet, solange man ihn nicht gebetet hat, besonders wenn man sich eine Gewissenssache daraus gemacht oder wenn man ihn als Buße und gleichsam gegen seinen Willen bekommen hat. Es ist erbärmlich, zu sehen, wie die meisten ihren Rosenkranz beten. Sie beten ihn mit einer unbegreiflichen Eilfertigkeit und überhasten dabei einen Teil der Worte. Nicht einmal dem niedrigsten Menschen wollte man eine Höflichkeitsbezeugung auf so lächerliche Weise darbringen, und man glaubt, Jesus und Maria würden dadurch geehrt werden! Muss man sich nachher wundern, wenn die heiligsten Gebete der christlichen Religion fast fruchtlos bleiben, und wenn man nach tausend und zehntausend hergesagten Rosenkränzen nicht heiliger ist?

Warum nimmt der Rosenkranz eine so herausragende Stellung im Leben der Kirche ein? Warum empfiehlt ihn die Mutter Gottes? Der Rosenkranz ist in seiner Einfachheit eine hervorragende Schule des Gebets. An der Hand Mariens lernt der Christ, Perle für Perle, Schritt für Schritt, mit Gott zu sprechen, auf ihn zu hören und ihn liebevoll zu betrachten. Der Rosenkranz umfasst die drei großen Gebetsformen, die wie Stufen zur Begegnung mit dem Herrn führen: mündliches Gebet, Meditation und Kontemplation. Oder mit anderen Worten gesagt: Wer den Rosenkranz betet, betet mit Mund, Verstand und Herz.

Vielleicht kann man das Rosenkranzgebet mit dem Gitarrespielen vergleichen. Da sind zunächst einmal die mündlichen Gebete: das Vater unser, das Ave Maria und das Ehre sei dem Vater. Das Sprechen dieser Gebete ist vergleichbar mit der rechten Hand, die beim Gitarrespielen den Rhythmus auf den Seiten schlägt. Das ist noch keine richtige Musik. Wer meint, der Rosenkranz sei ein mündliches Gebet – oder in noch schlimmerer Karikierung: ein endloses Herunterrasseln von Worten – der täuscht sich wie einer, der die Klampfe schlägt und meinte, das sei schon ein Lied. Neben dem Rhythmus braucht es beim Gitarrenspiel die Tonalitäten, die die linke Hand greift. So ist es auch beim Rosenkranz. Die mündlichen Gebete bilden den Rahmen für die Meditation der Geheimnisse. Wie beim Gitarrenspiel die linke Hand Akkorde in Dur und Moll greifen kann, so kennen wir die freudenreichen Geheimnisse der Kindheit Jesu, die lichtreichen seines Wirkens, die schmerzhaften seines Leidens und Sterbens und die glorreichen seiner Auferstehung und Verherrlichung. Immer sind es fünf Akkorde im Rhythmus der sich stets wiederholenden Gebete, die uns das Leben Jesu und Mariens vor Augen führen. Bei der Meditation denken wir darüber nach, was in diesen Geheimnissen geschieht und was sie für mein Leben bedeuten. In Nazareth wird Gott Mensch in Maria, in der heiligen Kommunion kommt er auch zu mir! ... In Gethsemane schwitzt Jesus Blut. Er leidet und hat Angst, und doch schlafen seine Freunde. Wache ich bei ihm oder fallen mir vor Müdigkeit die Augen zu? ... Am Ostermorgen ersteht Jesus aus dem Grab. Der erste Tag der Schöpfung hat das Licht gebracht. Am ersten Tag der Woche hat Jesus den Tod besiegt und uns das Leben geschenkt. Er kann alles Dunkle in mir hell machen ... Unser Gebet beginnt, Musik zu werden – d.h. es ist keineswegs mehr monoton und langweilig, sondern überreich an Bildern, Gedanken, Anregungen und – wenn Gottes Gnade es schenkt – Erleuchtungen. Die rechte und die linke Hand beim Gitarrenspiel, Rhythmus und Akkorde – mündliches Gebet und Meditation, Mund und Verstand beim Rosenkranzbeten. Eines fehlt noch, damit es wirklich gute Musik wird, damit es noch tieferes und innigeres Gebet wird: die Melodie, die das Herz singt. Es braucht beim Gitarrenspiel noch die Stimme, die singt. Beim Beten des Rosenkranzes gehört der Gesang des eigenen Herzens dazu, das – im Takt der Gebete und Geheimnisse – das eigene Leben vor Gott trägt. Aus dem Nachdenken und Meditieren wird dann ein Verweilen bei Gott – in Dank oder Bitte, Lob oder Reue, kindlicher Freude oder apostolischer Entschlossenheit. Es geht um dieses Singen des Herzens, das bei den Geheimnissen des Rosenkranzes in Schwingung gerät: Du hast Dich von Maria zu Elisabeth tragen lassen – Bleib in meinem Herzen, lass mich Christusträger sein, denn auch ich bin – wann immer ich Dich in der Eucharistie empfange – lebendiger Tabernakel! … Für mich bist Du gegeißelt worden. Ich habe Dich geschlagen – immer wieder. Verzeih mir! … Du bist in den Himmel aufgefahren, Herr. Ich sehne mich nach Dir, ich sehne mich nach Deinem Reich, meiner wahren Heimat … In der Kontemplation sieht der Beter gleichsam das Geheimnis vor seinen Augen und verweilt in bestimmten Affekten oder Regungen des Herzens vor Gott. Er singt sein ganz persönliches Liebeslied, in dem natürlich auch ganz konkrete Anliegen vorkommen dürfen und sollen: Du wolltest Kind einer menschlichen Mutter sein – hilf meiner kranken Mutter! … Du bist mit Dornen gekrönt worden – hilf mir in diesen finanziellen Sorgen, die mir nicht mehr aus dem Kopf gehen … Du hast Deinen Geist gesandt – ohne Dich habe ich nicht den Mut und die Kraft, eine gute Entscheidung zu treffen. …

Der tägliche Rosenkranz ist – nach dem liturgischen Gebet der Kirche, das in der Feier der hl. Messe seinen Höhe- und Mittelpunkt findet – das herausragende Mittel, nicht nur zur persönlichen Heiligung, sondern auch zur Bekehrung der Welt. Die Perlenschnur ist wie die Schleuder Davids – klein und unscheinbar – aber von gewaltiger Kraft, die selbst Riesen – die riesigen Probleme und Versuchungen unserer Zeit – zu Fall bringt.

Wie betet man den Rosenkranz?

Gebetet wird der Rosenkranz wie folgt:

- **Kreuzzeichen**
  Im Namen des Vaters † und des Sohnes und des Heiligen Geistes. Amen.
- **Apostolisches Glaubensbekenntnis**
  Ich glaube an Gott, den Vater, den Allmächtigen, den Schöpfer des Himmels und der Erde,
  und an Jesus Christus, seinen eingeborenen Sohn, unsern Herrn, empfangen durch den Heiligen Geist, geboren von der Jungfrau Maria, gelitten unter Pontius Pilatus, gekreuzigt, gestorben und begraben, hinabgestiegen in das Reich des Todes, am dritten Tage auferstanden von den Toten, aufgefahren in den Himmel; er sitzt zur Rechten Gottes, des allmächtigen Vaters; von dort wird er kommen zu richten die Lebenden und die Toten.
  Ich glaube an den Heiligen Geist, die heilige katholische Kirche, Gemeinschaft der Heiligen, Vergebung der Sünden, Auferstehung der Toten und das ewige Leben. Amen.
- **Ehre sei dem Vater**
  Ehre sei dem Vater und dem Sohn und dem Heiligen Geist, wie im Anfang, so auch jetzt und alle Zeit und in Ewigkeit. Amen.

- **Vaterunser** *(an der ersten großen Perle)*
  Vater unser im Himmel, geheiligt werde dein Name. Dein Reich komme. Dein Wille geschehe, wie im Himmel, so auf Erden. Unser tägliches Brot gib uns heute. Und vergib uns unsere Schuld, wie auch wir vergeben unsern Schuldigern. Und führe uns nicht in Versuchung, sondern erlöse uns von dem Bösen.
- **drei Ave Maria** *(mit eingefügten Bitten um christliche Tugenden an den folgenden drei kleinen Perlen):*
  Gegrüßet seist du, Maria, voll der Gnade, der Herr ist mit dir. Du bist gebenedeit unter den Frauen, und gebenedeit ist die Frucht deines Leibes,
  - Jesus, der in uns den Glauben vermehre,
  - Jesus, der in uns die Hoffnung stärke,
  - Jesus, der in uns die Liebe entzünde.

  Heilige Maria, Mutter Gottes, bitte für uns Sünder jetzt und in der Stunde unseres Todes. Amen.
- **Ehre sei dem Vater**

Fünf Gesätze des Rosenkranzes:

- jeweils eingeleitet mit dem **Vaterunser** *(an der großen Perle)*
- jeweils **zehn Ave Maria** *(an den zehn Perlen, nach dem Wort „Jesus" folgt die Einfügung des sogenannten „Geheimnisses")*
- **Ehre sei dem Vater** *(vor der nächsten großen Perle)*

Man wählt entweder die freudenreichen, die lichtreichen, die schmerzhaften oder die glorreichen Geheimnisse für einen Rosenkranz aus:

Freudenreiche Geheimnisse

Jesus, den du, o Jungfrau, vom Heiligen Geist empfangen hast
Jesus, den du, o Jungfrau, zu Elisabeth getragen hast
Jesus, den du, o Jungfrau, in Betlehem geboren hast
Jesus, den du, o Jungfrau, im Tempel aufgeopfert hast
Jesus, den du, o Jungfrau, im Tempel wiedergefunden hast

Lichtreiche Geheimnisse

Jesus, der von Johannes getauft worden ist
Jesus, der sich bei der Hochzeit in Kana offenbart hat
Jesus, der uns das Reich Gottes verkündet hat
Jesus, der auf dem Berg verklärt worden ist
Jesus, der uns die Eucharistie geschenkt hat

Schmerzhafte Geheimnisse

Jesus, der für uns Blut geschwitzt hat
Jesus, der für uns gegeißelt worden ist
Jesus, der für uns mit Dornen gekrönt worden ist
Jesus, der für uns das schwere Kreuz getragen hat
Jesus, der für uns gekreuzigt worden ist

Glorreiche Geheimnisse

Jesus, der von den Toten auferstanden ist
Jesus, der in den Himmel aufgefahren ist
Jesus, der uns den Heiligen Geist gesandt hat
Jesus, der dich, o Jungfrau, in den Himmel aufgenommen hat
Jesus, der dich, o Jungfrau, im Himmel gekrönt hat

- Nach jedem Geheimnis *(d.h. nach Vaterunser, zehn Ave Maria und Ehre sei dem Vater …)* kann jeweils das **„Fatima-Gebet“** angefügt werden:
  O mein Jesus, verzeih uns unsere Sünden!
  Bewahre uns vor dem Feuer der Hölle!
  Führe alle Seelen in den Himmel,
  besonders jene,
  die deiner Barmherzigkeit
  am meisten bedürfen.
  Amen.

Der Rosenkranz als Ablassgebet

Durch den Empfang des Bußsakramentes werden wir von der Schuld unserer Sünden befreit und ebenso auch von ewiger Strafe, die wir aufgrund schwerer Sünden eventuell verdient hätten. Nach der Beichte bleiben aber noch **zeitliche Sündenstrafen,** die wir entweder in diesem irdischen Leben verbüßen oder nach dem Tod im Fegfeuer erleiden müssen.

Ein **Ablass befreit von diesen zeitlichen Sündenstrafen**. Die Kirche gewährt die Ablässe aus dem Schatz der Sühneleistungen Christi und der Heiligen. Ein Teilablass befreit teilweise, ein vollkommener Ablass vollständig von den zeitlichen Sündenstrafen. Der Gläubige, der die entsprechenden Bedingungen erfüllt, kann Ablässe **für sich selbst** gewinnen oder sie **fürbittweise den Verstorbenen** zuwenden (vgl. c. 992-997 CIC).

Das **Gebet des Rosenkranzes** ist mit der Gewinnung eines vollkommenen Ablasses verbunden:
„Ein vollkommener Ablass wird demjenigen Christgläubigen gewährt,
1° der den Rosenkranz in einer Kirche, in einer öffentlichen Kapelle, in der Familie, in der Ordensgemeinschaft, in einer frommen Vereinigung oder überhaupt mit mehreren, die zu einem ehrenhaften Zweck zusammenkommen, betet;
2° der sich während der Fernseh- oder Rundfunkübertragung des Rosenkranzgebetes, das der Heilige Vater betet, mit ihm in frommer Gesinnung vereint. In anderen Fäl-

len wird ein Teilablass gewährt." (Handbuch der Ablässe, Città del Vaticano ²2008, S. 62, n. 17).

Um den **vollkommenen Ablass** zu gewinnen, müssen **fünf Geheimnisse des Rosenkranzes ohne Unterbrechung gebetet** werden (d.h. die freudenreichen, die lichtreichen, die schmerzhaften *oder* die glorreichen Geheimnisse).

Das mündliche Beten muss von der geistlichen Betrachtung der Geheimnisse begleitet sein. Wenn man den Rosenkranz öffentlich (gemeinsam) betet, sollen die Geheimnisse nach örtlicher Gewohnheit gesprochen werden; beim privaten Beten genügt es, die jeweiligen Geheimnisse im Geiste zu betrachten (vgl. ebd., S. 63).

Außerdem sind folgende Bedingungen für die Gewinnung des vollkommenen Ablasses erforderlich (vgl. ebd., S. 22f):

- **sakramentale Beichte** (bis zu 20 Tage vorher oder nachher) – es kann dann innerhalb dieses Zeitraumes jeden Tag ein vollkommener Ablass gewonnen werden
  (vgl. Apostol. Pönitentiarie v. 29.01.2000, L'Oss. Rom. 25.02.2000)
- **eucharistische Kommunion**
- **Gebet nach der Meinung des Heiligen Vaters** (d.h. in den Anliegen des Papstes), z.B. ein Vaterunser und Ave Maria
- **Freisein von jeder Anhänglichkeit an irgendeine, auch lässliche Sünde**

Tägliche Gewinnung eines vollkommenen Ablasses:
Wer täglich den Rosenkranz in einer Kirche oder in einer frommen Gemeinschaft betet, jeden Monat beichtet, sich freimacht von der Anhänglichkeit an die Sünde, täglich die heilige Kommunion empfängt und jeden Tag ein Gebet in den Anliegen des Papstes betet, kann täglich einen **vollkommenen Ablass** für sich gewinnen oder fürbittweise einem Verstorbenen zuwenden.
Werden diese Bedingungen nicht vollständig erfüllt, gewinnt man einen **Teilablass**.

Außer dem Rosenkranzgebet gibt es noch viele andere Möglichkeiten, Ablässe zu gewinnen; hierzu ausführlich:

Peter Christoph Düren
Der Ablass in Lehre und Praxis.
Die vollkommenen Ablässe
der katholischen Kirche,
Dominus-Verlag
Augsburg 4. erweiterte Aufl. 2013,
320 Seiten, gebunden, Fadenheftung,
Hardcover, Lesebändchen
ISBN 978-3-940879-26-4.
19,80 €

Ich habe die Marienweihe abgelegt am ___________

in ____

Name: ____

Der Text für die **Erneuerung der Marienweihe an jedem ersten Samstag im Monat** (S. 191-193) ist beim Verlag für je 10 ct als **Gebetsbildchen** in fünf Versionen in deutscher, englischer, französischer, italienischer oder lateinischer Sprache erhältlich:

- **Weihegebet an die allerseligste Jungfrau Maria**
- **Prayer of Consecration to Mary**
- **Consécration à la Vierge Marie**
- **Preghiera di consacrazione alla Beatissima Vergine Maria**
- **Actus Consecrationis Beatissimæ Virgini Mariæ**

www.dominus-verlag.de

Der Autor

Msgr. Dr. Florian Kolfhaus
Priester des Bistums Regensburg
Mitarbeiter im
Päpstlichen Staatssekretariat